Die schönsten

Russischen

Weihnachtserzählungen

Gütersloher Verlagshaus

Bibliografische Information der Deutschen Nationalbibliothek
Die Deutsche Nationalbibliothek verzeichnet diese Publikation
in der Deutschen Nationalbibliografie; detaillierte bibliografische
Daten sind im Internet über http://dnb.d-nb.de abrufbar.

Mix
Produktgruppe aus vorbildlich
bewirtschafteten Wäldern und
anderen kontrollierten Herkünften

Zert.-Nr. SGS-COC-1940
www.fsc.org
© 1996 Forest Stewardship Council

Verlagsgruppe Random House FSC-DEU-0100
Das FSC-zertifizierte Papier *Munken Premium*
für dieses Buch liefert Arctic Paper Munkedals AB, Schweden

1. Auflage
Copyright © 2009 by Gütersloher Verlagshaus, Gütersloh,
in der Verlagsgruppe Random House GmbH, München

Umschlagmotiv: © Fotolia
Druck und Einband: GGP Media GmbH, Pößneck
Printed in Germany
ISBN 978-3-579-07222-7

www.gtvh.de

Inhalt

ALEXANDER PUSCHKIN

Der Schneesturm

Gegen Ende des Jahres 1811, in jener Epoche also, die für uns so denkwürdig geworden ist, lebte auf seiner Besitzung Nenaradowo der brave Gawrila Gawrilowitsch R. … Seine Gastfreundschaft und Freigebigkeit waren im ganzen Umkreis bekannt, und es verging kein Tag, an dem nicht die Nachbarn ihn besuchten, um bei ihm zu essen und zu trinken oder mit seiner Frau Praskowja Petrowna um fünf Kopeken Boston zu spielen, oder schließlich um die Tochter der beiden, Marja Gawrilowna, anzuschauen, ein schlankes blasses, siebzehnjähriges Mädchen. Sie galt allgemein als ein reiches Bräutchen, und viele kamen mit der Absicht hin, sie heimzuführen oder für ihre Söhne um sie zu werben.

Marja Gawrilownas Erziehung stand unter dem Einfluß französischer Romane, und daher war es kein Wunder, daß sie verliebt war. Ihr Erkorener war ein armer Armeeleutnant, der sich derzeit auf Urlaub befand und sein Gütchen bewirtschaftete. Es versteht sich von selber, daß der junge Mann von gleicher Leidenschaft verzehrt wurde und daß die Eltern seiner Liebsten, als sie diese beiderseitige Neigung bemerkten, ihrer Tochter untersagten, an ihn auch nur zu denken; er wurde in ihrem Hause von da ab unfreundlicher als der geringste verabschiedete Beisitzer aufgenommen.

Unsere Liebenden standen in ständigem Briefwechsel miteinander und hatten täglich heimliche Zusammenkünfte in einem Fichtenwäldchen oder bei der alten Kapelle. Dort schworen sie einander ewige Liebe, dort haderten sie mit dem Schicksal und schmiedeten die verschiedensten Pläne. Brieflich und mündlich kamen sie (wie es immer geht) auf diese Weise nach und nach zu folgender Überlegung: Da wir ohne einander nicht mehr atmen können, der Wille der grausamen Eltern jedoch unserem Glück entgegensteht, wäre es nicht vielleicht denkbar, daß wir schließlich auf ihr Einverständnis verzichten könnten? Es ist klar, daß dieser glückliche Gedanke zunächst im Kopf des jungen Mannes entstand und daß er der romantischen Phantasie Marja Gawrilownas außergewöhnlich zusagen mußte.

Der Winter brach an und machte ihren Zusammenkünften ein Ende; um so lebhafter wurde nunmehr ihr Briefwechsel. In jedem Brief flehte Wladimir Nikolajewitsch sie an, endlich die Seine zu werden und sich heimlich mit ihm trauen zu lassen; er schwor ihr, daß sie, nachdem sie sich einige Zeit hindurch verborgen gehalten, sich zu den Füßen der Eltern niederwerfen wollten, und versicherte ihr, daß diese schließlich, von der heroischen Beständigkeit und dem Ungemach der Liebenden gerührt, ihnen zweifellos sagen würden: »Kinder! Kommt in unsere Arme.«

Marja Gawrilowna zauderte lange; sie verwarf immer wieder die verschiedensten Pläne, auf welche Weise die Flucht zu bewerkstelligen wäre. Aber endlich gab sie ihre Einwilligung: Sie würde an dem festgesetzten Tage auf das Abendessen verzichten und sich unter dem Vorwand heftigen Kopfwehs in ihr Zimmer zurückziehen. Ihre Kammerjungfer war in alles eingeweiht worden; die beiden sollten durch die Hintertür in den Garten gehen, hinter diesem würden sie einen Schlitten finden, in dem sie Platz zu nehmen und die fünf Werst zwischen Nenaradowo und dem Dorf Schadrino zurückzulegen hätten; dort angelangt, hätten sie geradewegs vor die Kirche zu fahren, in welcher Wladimir sie bereits erwarten wollte.

Am Vorabend des entscheidenden Tages fand Marja Gawrilowna während der ganzen Nacht keinen Schlaf; sie packte ihre Sachen, sie legte ihre Wäsche und ihre Kleider zusammen und schrieb schließlich einen langen Brief an ihre Freundin, die ein sehr empfindsames Fräulein war, und einen zweiten Brief an ihre Eltern. In den allerrührendsten Ausdrücken nahm sie von diesen Abschied, sie entschuldigte ihr Vergehen mit der unüberwindlichen Macht ihrer Leidenschaft und schloß damit, daß sie jene Minute für die glücklichste ihres Lebens ansehen wolle, da ihr erlaubt werden würde, zu den Füßen ihrer teuersten Eltern Vergebung zu erflehen. Nachdem sie die beiden Briefe mit ihrem Siegel tulascher Arbeit versiegelt hatte, auf dem zwei lodernde Herzen, mit einer geziemenden Überschrift versehen, abgebildet waren, warf sie sich kurz vor der Morgendämmerung aufs Bett und nickte ein; aber sie fand auch jetzt keinen Schlaf, denn furchtbare Traumgesichte weckten sie unablässig auf. Bald war es ihr, als hielte ihr Vater sie im gleichen Augenblick, da sie in den Schlitten einsteigen wollte, um zur Trauung zu fahren, zurück und zöge sie mit einer qualvollen Schnelligkeit über den Schnee und stieße sie in ein dunkles, bodenloses Erdgewölbe … und als flöge sie Hals über Kopf mit einem unerklärlichen Ersterben des Herzens herab; bald wieder sah sie ihren Wladimir bleich und blutüberströmt auf dem Grase liegen. Sterbend flehte er sie mit einer durchdringenden Stimme an, sich doch in größter Eile mit ihm trauen zu lassen … aber es waren auch noch andere grauenhafte und sinnlose Erscheinungen, die an ihr vorüberglitten. Noch blasser als sonst erhob sie sich endlich mit einem schrecklichen, völlig ungekünstelten Kopfweh. Der Vater und die Mutter bemerkten ihre Unruhe; ihre zärtliche Aufmerksamkeit und ihre immer wiederkehrenden Fragen: »Was hast du, Mascha? Bist du nicht krank, Mascha?«, zerrissen ihr fast das Herz. Sie gab sich Mühe, sie zu beruhigen und heiter zu erscheinen, jedoch es gelang ihr nicht. Der Abend brach an. Der Gedanke, daß sie heute zum letzten Mal im Kreise ihrer Familie wäre, wollte ihr fast das Herz abdrücken. Sie war wie leblos; insgeheim nahm sie Abschied von allen Personen und allen Gegenständen, die sie umgaben. Es kam die Stunde des Abendessens; ihr Herz klopfte heftig. Mit bebender Stimme sagte sie, sie wolle nicht essen, und begann darauf, sich von Vater und Mutter zu verabschieden. Diese küßten sie und segneten sie, wie sie es immer taten; das Mädchen konnte nur mit Mühe ihre Tränen zurückhalten. Als sie endlich in ihrem eigenen Zimmer war, warf sie sich in einen Sessel und brach in Schluchzen aus. Die Jungfer redete ihr zu, sich doch zu beruhigen und Mut zu fassen. Alles war bereit. In einer halben Stunde sollte Mascha auf immer ihr Elternhaus verlassen, ihre Stube und ihr stilles Mädchenleben … Draußen wütete ein Schneesturm; der Wind heulte, die Fensterläden lärmten und klapperten; wie eine Drohung erschien ihr das und wie eine traurige Vorbedeutung. Nach kurzer Zeit verstummte das ganze Haus in tiefem Schlaf. Mascha hüllte sich in ihren Schal, warf einen warmen Mantel über, nahm ihre Schatulle und schlich durch die Hintertür aus dem Hause. Die Jungfer trug die zwei Gepäckstücke. So kamen sie in den Garten. Der Schneesturm hatte keineswegs nachgelassen; der Wind blies ihr ins Gesicht, als wäre es seine Absicht, die junge Sünderin aufzuhalten. Mit Müh und Not erreichten sie die Gartenpforte. Der Schlitten erwartete sie bereits. Die frierenden Pferde wollten nicht länger ruhig stehen; Wladimirs Kutscher ging vor dem Schlitten auf und ab und bemühte sich, die unruhigen Tiere zurückzuhalten. Er half dem Fräulein und ihrer Jungfer einsteigen und brachte auch das Gepäck und die Schatulle unter, dann faßte er die Zügel, und in einem Nu flogen die Pferde dahin. – Wir aber wollen, nachdem wir das Fräulein der Führung des Schicksals und der Kunst Tereschkas, des Kutschers, anvertraut haben, uns nunmehr unserem jugendlichen Liebhaber zuwenden.

Wladimir war den ganzen Tag über unterwegs gewesen. Am Morgen war er zum Priester von Schadrino gefahren und hatte diesen nur mit großer Mühe zu überreden vermocht; darauf begab er sich zu den benachbarten Gutsbesitzern auf die Suche nach Trauzeugen. Der erste, zu dem er kam, der verabschiedete vierzigjährige Kornett Drawin, willigte mit Vergnügen ein. Er beteuerte, daß dieses Abenteuer ihn an frühere Zeiten und Husarenstreiche erinnere. Er überredete Wladimir, bei ihm zu Mittag zu speisen, und erklärte ihm, daß es ein leichtes sein würde, die zwei übrigen Zeugen herbeizuschaffen. Und in der Tat, sogleich nach dem Mittagessen erschien, schnurrbärtig und sporenklirrend, der Feldmesser Schmitt, mit ihm kam der Sohn des Kreishauptmanns, ein sechzehnjähriger Bursche, der erst vor kurzem zu den Ulanen gekommen war. Diese nahmen nicht nur alsbald Wladimirs Anerbieten an, sondern schworen ihm sogar ihre Bereitwilligkeit zu, für ihn ihr Leben zu lassen. Wladimir umarmte sie begeistert und fuhr nach Hause, um seine Vorbereitungen zu treffen.

Die Abenddämmerung war längst hereingebrochen. Er entsandte seinen zuverlässigen Tereschka mit der Troika nach Nenaradowo und gab ihm die genauesten und eingehendsten Verhaltensmaßregeln mit, für sich selber aber ließ er den kleinen einpferdigen Schlitten anspannen und begab sich allein und ohne Kutscher nach Schadrino, da Marja Gawrilowna nach zwei Stunden dort eintreffen mußte. Die Straße war ihm wohlbekannt, er hatte nicht mehr als zwanzig Minuten zu fahren.

Indes kaum war Wladimir aus dem Dorf ins Freie gekommen, als der Sturm sich erhob und ein solches Schneetreiben begann, daß er nichts mehr um sich her zu sehen vermochte. Nach einer Minute war die Straße völlig verweht; die Umgebung verschwand im trüben gelblichbleichen Dunkel, durch welches unablässig die weißen Schneeflocken fegten; Erde und Himmel waren eins; Wladimir befand sich gleich darauf auf offenem Feld und gab sich vergebens Mühe, die Straße wiederzugewinnen; das Pferd tastete sich auf gut Glück vorwärts und mußte bald über Schneewächten klettern, bald wieder stolperte es in eine Grube. Keine Minute verging, ohne daß nicht der Schlitten umstürzte. Wladimirs einzige Sorge war, nur die Richtung nicht zu verlieren. Doch schon war mehr als eine halbe Stunde verstrichen, und er hatte immer noch nicht das Gehölz von Schadrino erreicht. Weitere zehn Minuten vergingen – und noch immer war nichts vom Gehölz zu sehen. Wladimir fuhr jetzt über ein Feld, das von tiefen Gräben durchfurcht war. Der Schneesturm ließ nicht nach, und der Himmel wollte sich nicht aufklären. Sein Pferd ermattete nach und nach, und auch er war bereits von Schweiß durchnäßt, trotzdem er immer wieder bis an den Gürtel im Schnee stak.

Endlich mußte er erkennen, daß er in der falschen Richtung fuhr. Wladimir hielt an: Er überlegte hin und her und kam schließlich zu der Überzeugung, daß er mehr nach rechts halten müßte. So fuhr er denn nach rechts. Sein Pferd wollte kaum mehr weiter. Er war bereits mehr als eine Stunde unterwegs. Schadrino mußte ganz in der Nähe sein. Aber immer noch ging es weiter und weiter, und das Feld wollte nicht enden. Immer noch nichts als Gräben und Schneewächten; unablässig schlug der Schlitten um, und unablässig mußte er ihn aufrichten. Die Zeit verging; Wladimir war in großer Unruhe.

Endlich trat auf einer Seite etwas Dunkles hervor. Wladimir lenkte dorthin. Als er näher kam, sah er ein Gehölz. Gott sei Dank, dachte er, jetzt ist es ganz nah. Er fuhr längs des Gehölzes, in der Hoffnung, entweder sogleich auf die bekannte Straße kommen oder aber um das Gehölz herumfahren zu können, denn Schadrino lag gleich dahinter. Bald darauf fand er die Straße und fuhr in das Dunkel der Bäume, die der Winter entblättert hatte. Hier konnte der Sturm nicht so wüten, darum war auch die Straße leichter fahrbar; das Pferd wurde munterer, und auch Wladimir beruhigte sich.

Aber er fuhr und fuhr, und kein Schadrino zeigte sich; das Gehölz nahm kein Ende. Mit Schaudern bemerkte Wladimir, daß er in einen unbekannten Wald geraten war. Er war ganz verzweifelt. Er schlug aufs Pferd ein; das arme Geschöpf versuchte, sich in Trab zu setzen, aber nicht lange, und es versagte, und nach einer Viertelstunde ging es trotz aller Anstrengungen des unglücklichen Wladimir nur mehr im Schritt.

Endlich lichteten sich die Bäume, und Wladimir ließ den Wald hinter sich, aber vor ihm lag kein Schadrino. Es mußte bereits gegen Mitternacht sein. Die Tränen sprangen ihm aus den Augen; er fuhr jetzt nur noch aufs Geratewohl dahin. Das Unwetter ließ nach, die Wolken teilten sich; vor seinen Augen breitete sich eine von einem weißen, schön gewellten Teppich bedeckte Ebene. Die Nacht war ziemlich klar. Er gewahrte ein Dörfchen in der Nähe, das aus vier oder fünf Gebäuden bestand. Wladimir fuhr hin. Kaum hatte er die erste Hütte erreicht, da sprang er aus dem Schlitten, eilte zum Fenster und begann zu klopfen. Nach einigen Minuten wurde der hölzerne Fensterladen aufgemacht, und in der Öffnung zeigte sich ein alter Mann mit grauem Bart. »Was willst du?« – »Ist es noch weit bis Schadrino?« – »Ob es noch weit bis Schadrino ist?« – »Freilich! Ob es noch weit ist?« – »Nicht schlimm, an die zehn Werst.« Als Wladimir diese Antwort hörte, raufte er sich die Haare und stand regungslos da wie ein zum Tode Verurteilter.

»Von wo kommst du?« fuhr der Alte fort. Wladimir war es nicht danach, jetzt auf Fragen zu antworten: »Sag mal, Alter«, stöhnte er, »kannst du mir Pferde verschaffen, um nach Schadrino zu kommen?« – »Wir haben doch keine Pferde«, entgegnete der Bauer. – »Könnte ich wenigstens einen Führer bekommen? Ich zahle, wieviel er verlangt.« – »Wart mal«, meinte der Alte, den Fensterladen zuschlagend, »ich schicke dir meinen Sohn, er wird dich führen.« Wladimir wartete. Noch war keine Minute verstrichen, da klopfte er wiederum, der Fensterladen ging auf und der Bart kam aufs neue zum Vorschein. »Was willst du?« – »Nun, und dein Sohn?« – »Kommt gleich, zieht sich nur die Stiefel an. Wenn dir kalt ist, komm herein, wärm dich.« – »Danke; schick mir nur deinen Sohn heraus.«

Die Pforte knarrte; ein Bursche mit einem Knüppel trat heraus und ging voran; er wies den Weg und fand ihn immer, obwohl die Schneewächten ihn oft versteckten. »Wie spät ist es?« fragte Wladimir. – »Es wird bald dämmern«, entgegnete der junge Bauer. Wladimir vermochte kein Wort mehr zu sagen.

Die Hähne krähten, und es war bereits hell, als sie Schadrino erreichten. Die Kirche war verschlossen. Wladimir entlohnte den Führer und fuhr zum Haus des Priesters. Sein Dreigespann stand nicht auf dem Hof. Und welch eine Nachricht erwartete ihn!

Doch kehren wir wieder zu unsern braven Nenaradowschen Gutsbesitzern zurück, und schauen wir, was sich inzwischen bei ihnen ereignet hat. Eigentlich nichts von Belang.

Nachdem die Eltern erwacht waren, gingen sie wie immer ins Speisezimmer. Gawrila Gawrilowitsch in seiner Nachtmütze und warmen Joppe, Praskowja Petrowna dagegen im wattierten Schlafrock. Der Samowar wurde gebracht, und Gawrila Gawrilowitsch schickte die Jungfer zu erfahren, wie Marja Gawrilowna sich befände und wie sie geruht habe. Die Jungfer kehrte zurück und meldete, daß das Fräulein sehr schlecht geschlafen hätte, doch daß es ihr jetzt besser ginge und daß sie gleich erscheinen würde. Und in der Tat öffnete sich alsbald die Tür, und Marja Gawrilowna trat ein, um Vater und Mutter zu begrüßen.

»Was macht dein Kopf, Mascha?« fragte Gawrila Gawrilowitsch. – »Schon besser, Papa«, versetzte Mascha. – »Du hast sicher gestern zuviel Ofendunst eingeatmet, Mascha«, meinte Praskowja Petrowna. – »Kann sein, Mama«, entgegnete Mascha.

Ruhig verging der Tag, zur Nacht aber wurde Mascha sehr krank. Man schickte in die Stadt nach dem Doktor. Er traf ein, als die Kranke bereits im hohen Fieber lag. Es war ein heftiger Fieberanfall, und zwei Wochen lang schwebte die arme Kranke am Rande des Grabes.

Niemand im Hause wußte auch nur das Geringste von der beabsichtigten Flucht. Die Briefe, tags zuvor geschrieben, waren längst verbrannt, und die Zofe sprach zu keinem Menschen ein Sterbenswörtchen, da sie den Zorn ihrer Herrschaft fürchten mußte. Der Priester, der verabschiedete Kornett, der schnurrbärtige Landmesser und der kleine Ulan waren zurückhaltend und hatten wohl auch Grund dazu. Tereschka, der Kutscher, hingegen sprach niemals ein übriges Wort, nicht einmal, wenn er betrunken war. Auf diese Weise wurde das Geheimnis bewahrt, obwohl die Zahl der Verschworenen ein halbes Dutzend überstieg. Zwar verriet Marja Gawrilowna in ihren unablässigen Fieberreden selber ihr Geheimnis, doch da ihre Worte völlig unwahrscheinlich klangen, entnahm die Mutter, die nicht von dem Krankenlager wich, ihnen nur, daß ihre Tochter sterblich in Wladimir Nikolajewitsch verliebt sei und daß aller Wahrscheinlichkeit nach die Ursache dieser Krankheit Liebe sei. Sie beriet sich mit ihrem Gatten und einigen Nachbarn, und schließlich wurde einstimmig beschlossen, dies wäre augenscheinlich Marja Gawrilownas Schicksal, und man könnte dem Erkorenen nicht einmal zu Pferde entrinnen, Armut sei kein Laster und man habe nicht mit dem Reichtum, sondern mit dem Menschen zu leben, und dergleichen mehr. Solche moralischen Redensarten können in Fällen, in denen wir selber nichts Gescheites zu unserer Rechtfertigung ersinnen können, manchmal von erstaunlichem Nutzen sein.

Derweilen genas das Fräulein nach und nach. Wladimir hatte sich im Hause Gawrila Gawrilowitschs lange nicht mehr blicken lassen. Der Empfang, den er dort immer gefunden, hatte ihn wohl abgeschreckt. So wurde denn beschlossen, ihn holen zu lassen, um ihm das unerwartete Glück mitzuteilen, daß man ihm die Einwilligung zur Ehe nicht länger vorenthalte. Wie groß jedoch war das Erstaunen der Nenaradowschen Gutsbesitzer, als sie einen halb tollen Brief von ihm als Antwort auf ihre

Einladung erhielten! Er erklärte ihnen darin, daß sein Fuß niemals wieder ihr Haus betreten würde, und bat, den Unseligen zu vergessen, dem als einzige Hoffnung nur noch der Tod geblieben sei. Wenige Tage darauf erfuhren sie, daß Wladimir zur Armee abgereist wäre. Dies alles geschah im Jahre 1812.

Noch lange danach wagte es keiner, diesen Umstand der genesenden Mascha mitzuteilen. Sie selber erwähnte Wladimirs Namen niemals. Aber einige Monate darauf fiel sie, als sie seinen Namen unter der Zahl derjenigen fand, die sich bei Borodino ausgezeichnet hatten und schwer verwundet worden waren, in Ohnmacht, und man fürchtete, das Fieber könnte sie aufs neue packen. Allein die Ohnmacht hatte Gott sei Dank keine üblen Folgen.

Dagegen suchte ein anderer Kummer sie heim: Gawrila Gawrilowitsch starb und ließ sie als Erbin seiner Besitztümer zurück. Aber das Erbe war ihr kein Trost: Sie teilte den bitteren Kummer der armen Praskowja Petrowna und schwur, sich niemals von ihr trennen zu wollen; beide verließen Nenaradowo, den Ort so vieler trauriger Erinnerungen, und begaben sich auf ihr Gut im Gouvernement …, um fürderhin dort zu leben.

Allein auch dort gab es viele Bewerber, die das liebenswürdige und reiche Bräutchen umschwirrten; doch gab sie keinem einzigen von diesem jemals auch nur zur geringsten Hoffnung Anlaß. Die Mutter redete ihr zwar gelegentlich zu, sich doch nach einem Gefährten umzusehen, aber Marja Gawrilowna schüttelte stets den Kopf und wurde nachdenklich. Wladimir war nicht mehr am Leben; er war kurz vor dem Einzug der Franzosen in Moskau gestorben. Sein Andenken schien Marja heilig zu sein; sie hatte alles, was an ihn erinnern konnte, sorgfältig aufgehoben: die Bücher, die er einstmals gelesen, seine Zeichnungen, aber auch die Noten und die Gedichte, die er für sie abgeschrieben hatte. Die Nachbarn, die natürlich alles wußten, wunderten sich über eine so große Beständigkeit und erwarteten voll Neugierde jenen Helden, der schließlich und endlich über die traurige Treue der jungfräulichen Artemis obsiegen mußte.

Der Krieg war unterdessen ruhmreich zu Ende geführt worden. Unsere Regimenter kehrten aus dem Ausland zurück. Das Volk strömte ihnen entgegen. Die Musik spielte die während des Feldzuges erlernten neuen Lieder: Vive Henri-Quatre, Tiroler Walzer und Arien aus der Joconde. Die Offiziere, die zu Beginn des Krieges noch fast als Knaben ins Feld gezogen waren, kehrten, in der Luft des Kampfes zu Männern gereift, mit Orden geziert zurück. Heiter plauderten die Soldaten miteinander und mengten unablässig in ihre Rede deutsche und französische Wörter. Unvergeßliche Zeit! Zeit des Ruhmes und des Rausches! Wie stark pochte das russische Herz beim Namen Vaterland! Wie süß waren die Tränen des Wiedersehens! Mit welcher Eintracht verbanden wir damals das Gefühl des Nationalstolzes mit der Liebe zum Herrscher! Und für diesen selber – welch eine Zeit für ihn!

Die Frauen, die russischen Frauen, waren in jenen Tagen unvergleichlich. Ihre gewöhnliche Kühle schien verschwunden. Ihre Begeisterung war wahrhaft berauschend, zumal als sie, die Sieger begrüßend, hurra riefen

»und in die Luft die Hauben warfen«.

Ist wohl einer unter den damaligen Offizieren, der nicht gestehen wollte, daß er seine beste, seine köstlichste Belohnung von der russischen Frau erhielt?

In jener glanzvollen Periode lebte Marja Gawrilowna mit ihrer Mutter im Gouvernement … und sah wenig davon, wie die beiden Hauptstädte die Rückkehr der Truppen feierten. Freilich war die allgemeine Begeisterung in den Landkreisen und Dörfern vielleicht noch stärker. Wenn nämlich ein Offizier an diesen Orten erschien, so war es ein wahrhafter Triumphzug für ihn, und schlecht ging es in seiner Nachbarschaft dem Liebhaber im Frack.

Wir erwähnten bereits, daß Marja Gawrilowna trotz ihrer Kälte nach wie vor von Bewerbern umringt wurde. Aber sie alle mußten abtreten, als der verwundete Oberst Burmin mit dem Georg im Knopfloch in ihrem Palais auftauchte; er war, wie die dortigen Fräuleins sich ausdrückten, von einer besonders interessanten Blässe. Er mochte gegen sechsundzwanzig Jahre alt sein. Er war auf seine Güter beurlaubt, die in der Nachbarschaft von Marja Gawrilownas Besitzung lagen. Marja Gawrilowna zeichnete ihn sehr aus. Ihre gewöhnliche Versonnenheit belebte sich ein wenig, wenn er in ihrer Nähe weilte. Man konnte nicht sagen, daß sie mit ihm kokettiert hätte; doch wäre ein Dichter, ihr Benehmen gewahrend, sicherlich in folgende Worte ausgebrochen:

Se amor non è, che dunque? ...

Burmin war in der Tat ein sehr liebenswürdiger junger Mann. Er verfügte über jenen Geist, der den Frauen so gut gefällt: der Geist des Anstandes und der Aufmerksamkeit, niemals fordernd und ewig sorglos spöttisch. Sein Verhalten Marja Gawrilowna gegenüber war frei und einfach; allein, was immer diese auch sagen oder tun mochte, seine Seele und seine Blicke folgten ihr hartnäckig. Er schien von stiller und bescheidener Gemütsart zu sein, obwohl ihm das Gerücht nachsagte, daß er vormals ein schrecklicher Taugenichts gewesen, doch schadete ihm dieser Umstand bei Marja Gawrilowna nicht im mindesten, denn diese (wie überhaupt alle jungen Damen) entschuldigte mit Vergnügen all die Schelmereien, die von Verwegenheit sprachen und von einem leicht entflammbaren Charakter.

Am meisten jedoch ... (und zwar mehr als seine Zartheit, mehr als seine angenehme Unterhaltung, mehr als seine interessante Blässe, ja mehr noch als sein verbundener Arm) – am heftigsten wurden ihre Neugierde und ihre Phantasie von der Schweigsamkeit des jungen Husaren angeregt. Sie konnte es sich nicht länger verhehlen, daß sie ihm außergewöhnlich gut gefiel; und vermutlich hatte auch er bei seinem Verstande und seiner Erfahrung bereits die Beobachtung machen können, daß sie ihn auszeichnete; woher also kam es, daß sie ihn immer noch nicht zu ihren Füßen erblickte und noch immer nicht sein Geständnis zu Ohren bekommen hatte? Was hielt ihn wohl zurück? War es die Scheu, die untrennbar von wahrer Liebe ist, war es Stolz oder gar nur das Spiel eines schlauen Wüstlings? Dies war ein Rätsel für sie. Nachdem sie sich den Fall gehörig überlegt hatte, kam sie zu dem Entschluß, daß der einzige Grund hierfür seine Scheu war, und beschloß darum, ihn durch noch größere Aufmerksamkeit, ja, wenn die Gelegenheit es ergeben sollte, ihn sogar durch Zärtlichkeit zu ermuntern. Sie war auf die allerunwahrscheinlichste Lösung des Geheimnisses gefaßt und erwartete voll Ungeduld die Minute seiner romantischen Erklärung. Jedes Geheimnis, es sei, wie es wolle, lastet immer auf dem weiblichen Herzen. Ihre Strategie hatte den gewünschten Erfolg: Burmin wurde zum mindesten so ungemein nachdenklich und heftete seine schwarzen Augen mit solchem Feuer auf Marja Gawrilowna, daß es den Anschein erwecken mußte, die entscheidende Minute sei bereits sehr nahe gerückt. Die Nachbarn sprachen schon von der Hochzeit, als von einer beschlossenen Tatsache, und die gute Praskowja Petrowna freute sich, daß ihre Tochter endlich einen Bräutigam gefunden, der ihrer würdig war.

Die alte Dame saß eines Tages im Wohnzimmer und legte eine Grande-Patience, als Burmin das Gemach betrat und sich sogleich nach Marja Gawrilowna erkundigte. »Sie ist im Garten«, entgegnete die Alte, »gehen Sie nur zu ihr, ich werde derweilen hier auf Sie beide warten.« Burmin verließ sie, die Mutter aber bekreuzigte sich und dachte: Vielleicht geht die Sache heute zu Ende!

Burmin fand Marja Gawrilowna am Teich, wo sie in einem weißen Kleid, ein Buch in der Hand, unter einer Weide wie eine wirkliche Romanheldin stand. Nachdem die ersten Fragen beantwortet waren, unterließ es Marja Gawrilowna mit einer gewissen Absicht, das Gespräch weiter im Gang zu halten, und verstärkte hierdurch die beiderseitige Verwirrung so sehr, daß nur noch eine plötzliche und entscheidende Erklärung alles lösen konnte. Das geschah auch: Burmin, der die ganze Schwierigkeit seiner Lage empfand, teilte ihr mit, daß er schon längst nach einer Gelegenheit gesucht hätte, ihr sein Herz zu enthüllen, und bat um eine Minute der Aufmerksamkeit. Marja Gawrilowna schloß das Buch und schlug zum Zeichen des Einverständnisses die Augen nieder.

»Ich liebe Sie«, sagte Burmin. »Ich liebe Sie mit aller Leidenschaft …« (Marja Gawrilowna errötete und senkte den Kopf noch ein wenig tiefer.) »Ich handelte unvorsichtig, als ich mich der lieben Gewohnheit hingab, der Gewohnheit, Sie täglich zu sehen und zu hören …« (Marja Gawrilowna mußte hierbei an den ersten Brief des St. Preux denken.) »Es ist bereits zu spät, mich meinem

Schicksal zu widersetzen; die Erinnerung an Sie, Ihr liebliches und unvergleichliches Bildnis wird von nun ab die
Qual und die Freude meines Lebens sein; und so bleibt
mir jetzt nur noch das eine, Ihnen zur Erfüllung einer
schrecklichen Pflicht ein gräßliches Geheimnis zu enthüllen und zwischen uns beiden eine unüberwindliche
Schranke aufzurichten ...« – »Die hat immer schon be-
standen«, unterbrach ihn Marja Gawrilowna lebhaft. »Ich
hätte niemals Ihre Frau werden können ...« – »Ich weiß
es«, entgegnete er still. »Ich weiß, daß Sie einmal geliebt
haben, aber der Tod und drei Jahre der Klage ... Teure,
gute Marja Gawrilowna, nehmen Sie mir nicht den letzten Trost: den Gedanken, daß Sie vielleicht einverstanden
gewesen wären, mein Glück zu teilen, wenn ...« –
»Schweigen Sie, um Gottes willen, schweigen Sie, Sie pei-
nigen mich.« – »Ja, ich weiß es, ich fühle es, daß Sie die
Meine hätten werden können, aber – ich bin das unselig-
ste Geschöpf ... ich bin verheiratet.«

Marja Gawrilowna blickte ihn überrascht an.

»Verheiratet bin ich«, fuhr Burmin fort. »Ich bin bereits das vierte Jahr verheiratet und weiß nicht, wer meine Frau ist und wo sie weilt und ob es mir jemals beschieden sein wird, mit ihr zusammenzutreffen!«

»Was sagen Sie da?« rief Marja Gawrilowna. »Wie
seltsam das ist! Aber fahren Sie fort: Ich muß Ihnen nachher etwas erzählen ... fahren Sie fort, seien Sie so gut.«

»Es war zu Beginn des Jahres 1812«, erzählte Burmin.
»Ich eilte gerade nach Wilna, wo sich damals mein Regi-

ment befand. Eines Abends langte ich auf einer Poststation spät an und erteilte gerade den Befehl, die frischen Pferde möglichst schnell anzuspannen, als sich plötzlich ein furchtbarer Schneesturm erhob und der Posthalter und die Kutscher mir sogleich rieten, noch ein wenig zu warten. Ich ließ mich überreden, obwohl eine unerklärliche Unruhe von mir Besitz ergriff; mir war, als würde ich von unsichtbarer Hand auf etwas zugestoßen. Das Wüten des Schneesturms draußen ließ nicht nach; schließlich hielt ich es nicht länger aus und befahl aufs neue anzuspannen und fuhr mitten im Sturm davon. Mein Kutscher faßte den Entschluß, über den Fluß zu fahren, was unseren Weg um drei Werst verkürzen mußte. Da die Ufer völlig verschneit waren, fuhr der Kutscher an der Stelle, auf der man sonst abbiegt, um wieder die Straße zu gewinnen, vorbei, und unverhofft befanden wir uns plötzlich in einer unbekannten Gegend. Der Sturm wollte immer noch nicht nachlassen; da sah ich ein Licht und befahl dem Kutscher, darauf loszufahren. Wir kamen bald danach in ein Dorf; in der Dorfkirche war Licht. Die Kirchentür stand offen; hinter der Kirchenmauer hielten mehrere Schlitten; unter dem Portal bewegten sich einige Menschen. ›Hierher! Hierher!‹ riefen Stimmen. Ich befahl dem Kutscher, dorthin zu fahren. ›Ich bitte dich, wo warst du so lange?‹ redete mich jemand an. ›Die Braut liegt in tiefer Ohnmacht; der Priester weiß nicht mehr, was tun; wir waren schon drauf und dran heimzufahren. Komm schnell.‹ Stumm sprang ich aus dem Schlitten und trat in die Kirche, die von zwei oder drei Kerzen düster erleuchtet war. Auf einer Bank in einer dunklen Kirchenecke saß ein Mädchen; eine andere rieb ihr die Schläfen. ›Gott sei Dank!‹ sprach diese. ›Endlich sind Sie gekommen. Sie hätten fast unser Fräulein getötet.‹ Und schon näherte sich mir der bejahrte Priester mit der Frage: ›Belieben Sie, daß wir beginnen?‹ – ›Beginnen Sie nur, beginnen Sie, Hochwürden‹, entgegnete ich zerstreut. Man richtete das Mädchen auf. Sie schien mir hübsch zu sein … Unbegreiflicher, unverzeihlicher Leichtsinn … ich stellte mich neben sie vor den Altar: Der Priester hatte große Eile; die drei Männer und die Jungfer stützten die Braut und waren lediglich mit ihr beschäftigt. So wurden wir getraut. ›Jetzt müßt ihr euch küssen‹, sagte jemand. Meine Gemahlin wendete mir ihr bleiches Gesicht zu. Ich wollte sie küssen … Da schrie sie: ›O weh, es ist nicht er! Nicht er ist's!‹, und stürzte besinnungslos nieder. Die erschreckten Augen der Zeugen lagen auf mir. Ich drehte mich um, verließ unbehindert die Kirche, sprang in den Wagen und schrie: ›Vorwärts!‹«

»Mein Gott!« rief Marja Gawrilowna, »und Sie wissen also nicht, was aus Ihrer armen Gemahlin geworden ist?«

»Ich weiß nichts von ihr«, entgegnete Burmin, »ich weiß nicht einmal, wie das Dorf heißt, in dem ich getraut wurde, und erinnere mich auch nicht, welche Poststation es war, von der ich abfuhr. Zu jener Zeit legte ich meinem verbrecherischen Streich so wenig Bedeutung bei, daß ich sogar, gleich nachdem die Kirche hinter mir lag, eingeschlafen bin und erst am nächsten Morgen erwachte, als wir bereits die dritte Posthaltestelle erreicht hatten. Der Diener, den ich damals bei mir hatte, fiel während des Feldzuges, so daß ich nicht die geringste Hoffnung mehr hegen kann, jene wiederzufinden, der ich so grausam mitgespielt habe und die jetzt so grausam an mir gerächt ist.«

»Mein Gott, mein Gott!« rief Marja Gawrilowna und ergriff seine Hände. »Sie also waren es! Und Sie erkennen mich nicht?«

Burmin erblaßte … und lag zu ihren Füßen …

Nikolai Gogol

Die Nacht
vor Weihnachten

Der Tag vor Weihnachten war seinem Ende zugegangen.
Klar brach die Winternacht herein, die Sterne blinkten,
der Mond stieg feierlich am Himmelsraum empor und
leuchtete den braven Leuten und der ganzen Welt, daß
es ein fröhlich Singen auf den Gassen geben möge zum
Preise Christi, unseres Herrn. Der Frost war schärfer
noch, als er bei Tage gewesen war; doch herrschte eine
Stille, daß du jedes Stiefelknirschen auf dem Schnee wohl
eine halbe Werst weit hättest hören können. Noch zeigte
sich kein Häuflein Burschen vor den Hüttenfenstern; der
Mond allein spähte verstohlen durch die Scheiben, als ob
er den geputzten Mädchen rufen wolle, sie sollten eilen,
auf den Schnee, den knirschenden, hinauszukommen.

Da, sieh, dem Schornstein einer Hütte entquillt ein
Schwall von Rauch und zieht wie eine Wolke übers Firmament, und mit dem Rauch zugleich schießt rittlings
auf dem Besen eine Hexe in die Luft.

Wenn just um diese Zeit der Herr Assessor aus Sorotschin vorbeigefahren wäre, drei Gutspferde vor seinem
Wagen, auf dem Kopf die hammelverbrämte Mütze nach

Ulanenart, im schwarzen, blau bezogenen Schafspelz, die verteufelt stramm geflochtene Peitsche unterm Arm, mit der er seinen Kutscher anzutreiben liebt – er hätte diese Hexe ganz bestimmt bemerkt; denn dem Sorotschiner Assessor kommt hier auf Erden keine Hexe aus. Er rechnet's jeder Bäuerin nach, wie viele Ferkel ihre Sau wirft und wie viel Leinwand sie in der Truhe liegen hat, und jedem braven Mann, was er von Kleidern oder Hausgerät als Pfand am Sonntag in der Schenke läßt. Doch der Assessor aus Sorotschin fuhr nicht vorbei; ja, und was gingen ihn im Grunde fremde Bezirke an – es gab in seinem eigenen genug zu tun.

Doch mittlerweile hatte sich die Hexe schnell so hoch emporgeschwungen, daß sie nur noch als ein schwarzes Fleckchen oben zu erblicken war. Wo aber dieses Fleckchen hinkam, da schwand Stern um Stern vom Firmament. Bald hatte sich die Hexe einen ganzen Ärmel voll davon gesammelt; nur drei, vier noch blinkten am Himmel. Plötzlich tauchte von der anderen Seite her ein zweites Fleckchen auf; es wurde größer, breitete sich aus und war im Nu kein Fleckchen mehr. Ein Mensch mit blöden Augen hätte sich statt einer Brille meinetwegen ein Paar Räder von der Kutsche unseres Kommissars auf seine Nase setzen dürfen – er hätte trotzdem nie herausgekriegt, was das für ein Geschöpf sein mochte. Von der Vorderseite her betrachtet, sah es täuschend einem Deutschen ähnlich: das gespitzte Rüsselchen, das ewig hin und her fuhr und an allem schnupperte, lief, wie man's hierzulande bei den Schweinen sieht, in einer runden Scheibe von der Größe eines Fünfers aus; und Beine hatte das Geschöpf, so dünn, daß der Gemeindevorstand von Dikanka, wenn die seinen von derselben Sorte wären, sie sich beim Kosakentanz bald brechen würde. Von hinten aber glich das Phänomen einem leibhaftigen Bezirksfiskal in Uniform, denn da hing ihm ein Schwanz herab, so spitz und lang, wie neuerdings die Frackschöße der Uniformen sind. Bloß an dem Bocksbart unterm Maul und den zwei kleinen Hörnern, die ihm auf dem Kopfe standen, ferner daran, daß der ganze Kerl nicht weißer als ein Schornsteinfeger aussah, ließ es sich zur Not erraten, daß er weder ein Bezirksfiskal noch auch ein Deutscher war, sondern schlechtweg der Teufel selbst, dem nur die eine letzte Nacht noch blieb, um sich in dieser Gotteswelt umherzutreiben und ehrliche Christenmenschen in die Sünde zu verlocken. Denn am nächsten Morgen, wenn der erste Glockenton zur Frühmesse erklang, dann mußte er mit eingeklemmtem Schwanz und ohne sich nur einmal umzusehn in seinen Pfuhl hinuntersausen.

Derweil hatte sich der Teufel leise, leise an den Mond herangemacht und streckte schon die Hand aus, ihn zu packen; aber plötzlich riß er sie zurück, als hätte er sie sich verbrannt, er lutschte an den Fingern, zappelte mit einem Bein und pirschte sich dann von der anderen Seite an; doch wieder fuhr er jäh zurück und brachte seine Hand in Sicherheit. Aber trotz allen Mißerfolgen ließ der schlaue Teufel nicht von seinen Streichen, sondern sprang hinzu und griff mit beiden Händen nach dem Mond. Er krümmte sich und blies darauf und warf den Mond schnell hin und her von Hand zu Hand, so wie ein Bauer tut, der sich mit bloßen Händen Feuer für die Pfeife aus dem Ofen holt. Dann schob er ihn schnell in die Tasche und lief weiter, als ob nichts geschehen wäre.

In Dikanka merkte keine Seele, daß der Teufel sich den Mond vom Himmel stahl. Zwar der Gemeindeschreiber, der auf allen vieren aus der Schenke kam, sah, daß der Mond – der Kuckuck mochte wissen, wie das zuging – plötzlich wilde Sprünge machte, und erzählte das auf seinen Eid dem ganzen Dorf. Die Bauern aber schüttelten den Kopf und lachten ihn bloß aus.

Wie kam der Teufel eigentlich dazu, so was glattweg Verbotenes zu tun? Nun ja, das hatte seinen Grund: Er wußte nämlich, daß der reiche Kosak Tschub vom Küster zur Nacht auf einen weihnachtlichen Reisbrei eingeladen war. Und der Bürgermeister sollte kommen, ferner ein von auswärts zugereister Vetter unseres Küsters, der als Baßsänger zum Kirchenchor des Erzbischofs gehörte und mit Leichtigkeit die tiefsten Töne sang, dann der Kosak Swerbygus und noch der und jener. Es sollte zu dem Reisbrei warmen Würztrunk geben, aus Safran destillierten Schnaps und auch noch mancherlei zu essen. Wenn nun Tschub zum Küster ging, blieb seine Tochter, die als die schönste Maid im ganzen Dorf galt, allein daheim und kriegte sicherlich Besuch vom Schmied, der ein baumstarker Kerl, ein handsamer Geselle und dem Teufel noch

32

verhaßter war als selbst die Predigten des Herrn Pfarrers. Denn der Schmied gab sich in seiner Mußezeit mit Malen ab und war in weitem Umkreis als der beste Maler anerkannt. Ließ ihn sich doch der Rittmeister L...ko selbst, der damals noch bei Leben und Gesundheit war, eigens nach Poltawa kommen, um den Plankenzaun vor seinem Haus zu streichen. All die Näpfe, daraus in Dikanka die Kosaken ihre Suppe schlürften, hatte dieser Schmied bemalt. Er war ein gottesfürchtiger Mann und malte auch oft Heiligenbilder. Heutigentags noch findest du in unserer Kirche zu Dikanka einen Evangelisten Lukas, der von seiner Hand ist. Als der Gipfel aber seiner Kunst gilt doch ein Bild, das man im Kirchenvorraum an der rechten Seitenwand bewundern kann. Darauf hat er den heiligen Petrus mit den Schlüsseln in der Hand gemalt, wie er am Tage des Gerichts den Bösen aus der Hölle scheucht: Der Teufel dreht und windet sich entsetzt und fühlt, daß sein Verderben naht; die armen Sünder aber, die er bei sich in dem Höllenpfuhl gefangen hielt, gehen mit Geißeln, Knüppeln und was ihnen sonst gerade in die Hand kommt, auf ihn los und jagen ihn davon. Als sich der Maler seinerzeit mit diesem Bilde plagte und es auf die große Brettertafel malte, tat der Teufel, was in seiner Kraft stand, ihn zu stören: Er stieß ihn jählings an den Arm, er kratzte Asche aus der Schmiedeesse und bestreute das verhaßte Bild damit; aber der Künstler brachte seine Arbeit doch zum Schluß und trug die Tafel in die Kirche und ließ sie in die Wand des Vorraumes ein. An jenem

Tag schwor der Teufel, daß der Schmied schon seine Rache fühlen solle.

Nur die eine Nacht blieb ihm jetzt noch, um sich in Gottes Welt umherzutreiben, aber auch in dieser Nacht war er entschlossen, seine Bosheit irgendwie am Schmied Wakula auszulassen. Darum hatte er den Mond gestohlen; denn er rechnete damit, daß Tschub als alter Mann träg und bequem und nicht so leicht in Gang zu bringen war. Der Weg von seiner Hütte bis zum Küsterhaus war weit und führte über ein Stück unbebautes Feld am Kirchhof und der Mühle vorbei und dicht am Abgrund hin. In einer hellen Mondnacht konnte wohl der Würztrunk und der Safranschnaps den alten Tschub auf diesen Weg verlocken; doch bei so großer Dunkelheit vermöchte es wohl niemand, ihn vom Ofen fort und aus der Hüttentür zu bringen. Und der Schmied, der sich seit einiger Zeit schon nicht besonders mit ihm stand, der würde es, so stark er war, wenn Tschub daheim blieb, niemals wagen, seine Tochter zu besuchen.

Auf diese Weise war es, als der Teufel kurzerhand den Mond in seine Tasche hatte gleiten lassen, in der Welt auf einmal eine Finsternis geworden, daß gar mancher kaum den Weg zur Schenke hätte finden können, von dem Weg zum Küster ganz zu schweigen. Wie die Hexe sich so plötzlich im Stockdunkel sah, schrie sie vor Schrecken auf. Da machte sich der Teufel gleich galant an sie heran, schob seinen Arm in ihren und begann ihr die gewissen Dinge zuzuflüstern, die man Frauenzimmern nun einmal von alters her ins Ohr zu flüstern pflegt. Es ist zu sonderbar in dieser Welt! Was sich darin herumtreibt, sucht sich gegenseitig nachzuäffen, um es um jeden Preis einander gleichzutun. Früher, da zeigten sich in Mirgorod zu Winterszeiten bestenfalls die Richter und der Bürgermeister fein in tuchbezogenen Pelzen; all die kleinen Beamten trugen Pelze ohne Überzug. Und heutzutage leisten sich schon der Assessor und Geometer tuchbezogene Pelze aus dem feinsten Astrachan. Und der Kanzlist und der Gemeindeschreiber haben sich schon vor zwei Jahren blauen Nanking angeschafft, die Elle für sechs Silbergroschen. Und der Kirchendiener hat sich für den Sommer Pumphosen aus Nanking und dazu noch eine Weste aus gestreiftem Wollstoff machen lassen. Kurzum, jeder möchte auch was sein! Wann werden wohl die Leute endlich mal das eitle Wesen von sich tun? Ich möchte wetten, daß es vielen ein verwunderlicher Anblick sein wird, auch den Teufel auf demselben Weg zu sehen. Ärgerlich wirkt es vor allem, daß er sich ganz offensichtlich für ein Bild von einem Manne hält, wo er doch eine Fratze hat, daß einem davor grausen kann. Ein Scheusal von 'nem Scheusal, wie Foma Grigorjewitsch zu sagen pflegt, und muß doch auch verliebte Bocksprünge vollführen. Aber mittlerweile war's am Himmel und darunter so pechschwarze Nacht geworden, daß man nichts mehr davon unterscheiden konnte, was die beiden weiter miteinander trieben.

ANTON TSCHECHOW

Zur Weihnachtszeit

Was soll ich schreiben?« fragte Jegor und tauchte die Feder ein. Wassilissa hatte ihre Tochter schon vier Jahre nicht mehr gesehen. Nach der Hochzeit war die Tochter Jefimja mit ihrem Mann nach Petersburg gefahren, hatte zwei Briefe geschickt und war dann wie vom Erdboden verschluckt – sie ließ nichts mehr von sich hören. Und ob die Alte am frühen Morgen die Kuh melkte, ob sie den Ofen heizte, ob sie nachts schlaflos dalag – immer dachte sie nur an das eine, wie es Jefimja dort gehe und ob sie noch lebe. Man müßte ihr einen Brief schicken, aber der Alte konnte nicht schreiben, und sie hatten niemand, den sie hätten darum bitten können.

Nun aber war Weihnachten gekommen, Wassilissa konnte es nicht länger aushalten und ging in die Schenke zu Jegor, dem Bruder der Wirtin, der, seitdem er aus dem Militärdienst heimgekehrt war, immer zu Hause in der Schenke saß und nichts tat. Es hieß von ihm, er könne gut Briefe schreiben, wenn man ihn anständig dafür bezahle. Wassilissa sprach in der Schenke erst mit der Köchin, dann mit der Wirtin und dann mit Jegor selbst. Sie einigten sich auf fünfzehn Kopeken.

Und nun saß Jegor am zweiten Feiertag in der Küche der Schenke am Tisch und hielt den Federhalter in der Hand. Nachdenklich stand Wassilissa vor ihm, auf ihrem Gesicht malten sich Sorge und Kummer. Mit ihr war Pjotr gekommen, ihr Mann, ein sehr hagerer, hochgewachsener Alter mit einer gebräunten Glatze; er stand da und schaute starr geradeaus, als sei er blind. Auf dem Herd in einer Kasserolle brutzelte der Schweinebraten; er zischte und schnaufte, als wolle er sagen: flju-flju-flju. Es war schwül.

»Was soll ich schreiben?« fragte Jegor wieder.

»Was denn!« sagte Wassilissa und schaute ihn böse und mißtrauisch an. »Hetz doch nicht so! Du schreibst doch nicht umsonst, sondern für Geld! Nun, schreib. Unserem lieben Schwiegersohn, Andrej Chrissanfytsch, und unserer einzigen geliebten Tochter, Jefimja Petrowna, in Liebe herzliche Grüße und den elterlichen Segen auf ewig unwandelbar.«

»Fertig. Schieß weiter!«

»Wir gratulieren auch noch zum Feiertag von Christi Geburt, wir leben und sind gesund, was wir auch für Euch vom Herrn ... dem himmlischen Herrscher ... erflehen.«

Wassilissa überlegte und sah sich nach dem Alten um.

»Was wir auch für Euch vom Herrn ... dem himmlischen Herrscher erflehen«, wiederholte sie und fing an zu weinen.

Mehr konnte sie nicht sagen. Vorher, als sie nächtelang überlegt hatte, schien ihr, nicht einmal zehn Briefe würden ausreichen, um alles zu schreiben. Seit die Tochter mit ihrem Mann weggefahren war, war viel Wasser ins Meer geflossen, die Alten lebten wie Waisen, und nachts seufzten sie tief, als hätten sie die Tochter beerdigt. Und was hatte sich in dieser Zeit im Dorf nicht alles ereignet, wie viele Hochzeiten und Todesfälle hatte es gegeben! Wie lang waren die Winter gewesen, wie lang die Nächte!

»Es ist heiß hier!« sagte Jegor und knöpfte die Weste auf. »Es werden wohl siebzig Grad sein. Was weiter?« fragte er.

Die alten Leute schwiegen.

»Was macht dein Schwiegersohn dort?« fragte Jegor.

»Er war Soldat, mein Lieber, das weißt du doch«, antwortete der Alte mit schwacher Stimme. »Er ist zur gleichen Zeit wie du vom Militärdienst zurückgekommen. Er war Soldat, und jetzt ist er nämlich in Petersburg in einer Wasserheilanstalt. Der Doktor nimmt Wasser für die Kranken. Da ist er nämlich Pförtner bei dem Doktor.«

»Hier steht's geschrieben …«, sagte die Alte und holte aus ihrem Tüchlein einen Brief. »Von Jefimja haben wir ihn bekommen, weiß Gott, wann das war. Vielleicht leben sie gar nicht mehr.«

Jegor überlegte ein wenig und begann eilig zu schreiben.

»Heutzutage«, schrieb er, »wo das Schicksal Sie für den Militärdienst bestimmt hat, raten wir Ihnen, in die Dissiplinaordnung und in das Militärstrafgesetzbuch hineinzuschauen, und Sie werden in jenem Gesetz die Ziwilsazion der Angehörigen der Militärbehörde erkennen.«

Er schrieb und las dann das Geschriebene laut vor, Wassilissa aber dachte bei sich, man müßte schreiben, was für eine Not im vergangenen Jahr geherrscht, daß das Getreide nicht einmal bis Weihnachten gereicht und daß man die Kuh hatte verkaufen müssen. Man müßte um Geld bitten, man müßte schreiben, daß der Alte häufig kränkele und wohl bald seine Seele aushauchen werde … Wie sollte man das aber mit Worten ausdrücken? Was sollte man zuerst sagen und was nachher?

»Lenken Sie ihre Aufmärksamkeit«, schrieb Jegor weiter, »auf Band 5 der Kriegsartiekel. Soldat ist eine allgemeine Bezeichnung, ein berühmter Name. Soldat heißt der Erste General und der letzte Gemeine …«

Der Alte bewegte die Lippen und sagte leise: »Die Enkelkinder einmal sehen, das wäre nicht schlecht.«

»Was für Enkelkinder?« fragte die Alte und sah ihn böse an. »Ja, vielleicht sind gar keine da!«

»Enkel? Vielleicht haben wir doch welche. Wer soll das wissen!«

»Und danach können Sie beurteilen«, fuhr Jegor eilig fort, »welches der Ausländische Feind ist und welches der Innere. Unser erster Innerer Feind ist: Bachus.«

Die Feder kratzte und malte Schnörkel aufs Papier, die wie Angelhaken aussahen. Jegor beeilte sich und las jede Zeile mehrmals vor. Er saß auf einem Hocker, satt, gesund, breitschnäuzig und rotnackig, die Beine unter dem Tisch weit gespreizt. Es war die Gemeinheit selbst, die hier hockte, grob, anmaßend, unüberwindlich und stolz darauf, daß sie in der Schenke geboren und aufgewachsen war. Wassilissa begriff sehr wohl, daß dies die Gemeinheit war, aber sie konnte das nicht in Worten ausdrücken, sondern schaute Jegor nur böse und mißtrauisch an. Von seiner Stimme, seinen unverständlichen Worten, von der Hitze und der stickigen Luft begann ihr der Kopf zu schmerzen, ihre Gedanken verwirrten sich, und sie sagte und dachte nichts mehr, sondern wartete nur darauf, daß er zu kratzen aufhörte. Der alte Mann blickte zuversichtlich drein. Er vertraute seiner Frau, die ihn hierhergebracht hatte, und auch Jegor; und als er vorhin die Wasserheilanstalt erwähnte, da merkte man seinem Gesicht an, daß er auch an die Anstalt und die heilende Kraft des Wassers glaubte.

Als Jegor mit Schreiben fertig war, stand er auf und las den ganzen Brief noch einmal vor. Der Alte begriff nichts, aber er nickte zustimmend.

»Nichts dagegen zu sagen, sehr flüssig ...«, meinte er, »Gott schenke ihm Gesundheit. Nichts dagegen zu sagen ...«

Sie legten drei Fünfkopekenstücke auf den Tisch und verließen die Schenke; der Alte blickte wie ein Blinder starr geradeaus, und auf seinem Gesicht malte sich volles Vertrauen. Wassilissa aber hob, als sie aus der Schenke kamen, die Hand gegen einen Hund und sagte böse: »Oh, du Kröte!«

Die ganze Nacht konnte die Alte nicht schlafen, die Gedanken ließen sie nicht zur Ruhe kommen; in der Morgenfrühe stand sie auf, betete und ging zum Bahnhof, um den Brief abzuschicken.

Bis zum Bahnhof waren es elf Werst.

In Doktor B. O. Moselweisers Heilanstalt wurde am Neujahrstag genauso wie an gewöhnlichen Tagen gearbeitet, und nur der Portier Andrej Chrissanfytsch trug eine Uniform mit neuen Litzen, seine Stiefel glänzten ganz besonders, und er wünschte jedem, der kam, viel Glück zum neuen Jahr.

Es war Morgen. Andrej Chrissanfytsch stand an der Tür und las die Zeitung. Genau um zehn Uhr kam ein bekannter General, einer von den ständigen Besuchern, und nach ihm der Postbote. Andrej Chrissanfytsch nahm dem General den Mantel ab und sagte: »Viel Glück zum neuen Jahr, Euer Exzellenz!«

»Danke, mein Lieber. Das wünsche ich dir auch.«

Während der General die Treppe hinaufstieg, wies er mit dem Kopf auf eine Tür und fragte (er fragte jeden Tag, vergaß es aber immer wieder): »Und was ist in diesem Zimmer?«

»Das Massagekabinett, Euer Exzellenz!«

Als die Schritte des Generals verklungen waren, sah Andrej Chrissanfytsch die eingegangene Post durch und fand dabei einen Brief auf seinen Namen. Er öffnete ihn, las einige Zeilen und ging dann gemächlich und in die Zeitung blickend in sein Zimmer, das ebenfalls unten, am Ende des Korridors lag. Seine Frau Jefimja saß auf dem Bett und nährte ein Kind; ein zweites Kind, das älteste, stand neben ihr und hatte seinen Lockenkopf auf ihre Knie gelegt, ein drittes schlief im Bett.

Als Andrej das Zimmer betrat, gab er seiner Frau den Brief und sagte: »Wahrscheinlich aus dem Dorf.«

Dann ging er wieder hinaus, ohne den Blick von der Zeitung zu heben, und blieb im Korridor unweit der Tür stehen. Er hörte, wie Jefimja mit zitternder Stimme die ersten Zeilen las. Weiter kam sie nicht – ihr genügten schon diese Zeilen; sie brach in Tränen aus, umarmte ihren Ältesten, küßte ihn und fing an zu sprechen, und man wußte nicht, ob sie weinte oder lachte.

»Das ist vom Großmütterchen, vom Großväterchen …«, sagte sie. »Von zu Hause … Himmelskönigin, o ihr Heiligen! Dort hat es jetzt den Schnee bis unters Dach geweht … die Bäume sind alle ganz weiß. Die Kinder fahren auf niedlichen kleinen Schlitten … Und der kahlköpfige Großvater liegt auf dem Ofen … und das gelbe Hündchen … Meine Lieben daheim!«

Als Andrej Chrissanfytsch dies hörte, fiel ihm ein, daß seine Frau ihm drei- oder viermal Briefe gegeben und ihn gebeten hatte, sie abzuschicken, aber irgendwelche wichtigen Angelegenheiten hinderten ihn daran, er hatte sie nicht abgeschickt, die Briefe waren irgendwo liegengeblieben.

»Und auf den Feldern laufen die Häschen herum«, wehklagte Jefimja tränenüberströmt und küßte ihren Jungen. »Der Großvater ist still und gütig, die Großmutter ist auch gütig und mitleidig. Sie leben in Eintracht auf dem Lande und fürchten Gott … Und ein Kirchlein steht im Dorf, die Bauern singen auf dem Chor. Die Himmelskönigin müßte uns von hier wegholen, die Beschützerin!«

Andrej Chrissanfytsch kehrte in sein Zimmer zurück, um zu rauchen, bis jemand käme; Jefimja verstummte plötzlich und wischte sich die Augen, nur ihre Lippen zuckten. Sie hatte große Angst vor ihm, so große Angst! Sie zitterte und wurde von Schrecken ergriffen, wenn sie seine Schritte hörte, wenn er sie ansah, und sie wagte in seiner Gegenwart kein einziges Wort.

Andrej Chrissanfytsch rauchte sich eine Zigarette an, aber gerade in diesem Augenblick wurde oben geläutet. Er drückte die Zigarette aus und eilte mit sehr ernstem Gesicht zur Eingangstür.

Von oben kam der General herunter, rosig und frisch vom Bad. »Und was ist in diesem Zimmer?« fragte er und zeigte auf eine Tür.

Andrej Chrissanfytsch stand stramm, die Hände an der Hosennaht, und antwortete mit lauter Stimme: »Die Charcotdusche, Euer Exzellenz!«

Der Heckrubel

Es gibt einen Aberglauben, daß es möglich sei, mit Hilfe übernatürlicher Kräfte einen Heckrubel zu erhalten, das heißt einen Rubel, der, wie oft man ihn auch ausgebe, immer wieder heil in die Tasche zurückkehrt. Allein um einen solchen Rubel zu erhalten, muß man zuvor große Ängste ausstehen. Alle kann ich nicht mehr aufzählen, aber ich erinnere mich noch daran, daß man unter anderem eine schwarze Katze ohne die geringsten Flecken nehmen müsse und diese in der Weihnachtsnacht an der Kreuzung von vier Straßen, von denen die eine unbedingt zum Friedhof führen muß, feilzubieten habe.

An einem solchen Ort muß man Halt machen und die Katze so lange zwicken, bis sie miaut, und dabei fest die Augen zudrücken. Und zwar muß man dies alles wenige Minuten vor Mitternacht tun, denn mit dem Schlag der Mitternachtsstunde wird dann jemand kommen, der die Katze erstehen will. Der Käufer wird für das arme Tierchen sehr viel Geld bieten, der Verkäufer jedoch soll unter allen Umständen nur einen Rubel verlangen – nicht mehr und nicht weniger als einen Silberrubel. Nun wird der Käufer versuchen, dem Verkäufer eine größere Summe anzuhängen, allein dieser muß hartnäckig auf dem einen Rubel bestehen, und wenn er dann endlich diesen einen Rubel erhalten hat, muß er ihn in die Tasche tun und fest in der Hand halten, und darauf so schnell wie möglich fortgehen und sich nicht umdrehen. Und dieser Rubel eben ist der Heckrubel oder der unausgebbare Rubel – das heißt, wie oft man ihn auch für einen Gegenstand in Bezahlung gibt, er kehrt immer wieder in die Tasche zurück. Um zum Beispiel hundert Rubel zu bezahlen, muß man lediglich hundertmal mit der Hand in die Tasche fahren und jedes Mal den gleichen Rubel hervorziehen.

Dies ist natürlich ein leerer und unmöglicher Aberglaube; allein es gibt noch heute einfältige Leute, die nur zu bereit sind, zu glauben, daß man Heckrubel in der Tat erlangen könne. Und als ich noch ein kleiner Bub war, glaubte ich ebenfalls daran.

<hr>

Es war in meiner Kindheit, die Kinderfrau legte mich in einer Weihnachtsnacht schlafen und erzählte mir dabei, daß in dieser Nacht die meisten in unserm Dorf nicht an Schlaf dächten, sondern entweder Karten spielten oder sich verkleideten und wahrsagten, und manche würden es unter anderem darauf anlegen, einen Heckrubel zu gewinnen. Sie verbreitete sich über das Thema, daß es jenen Menschen, die heute gegangen wären, einen Heckrubel zu erlangen, jetzt wohl sehr gräulich zumute sein müsse, denn diesen stünde ja bevor, an einem fernen Kreuzwege Auge in Auge dem Teufel gegenüberzustehen und mit ihm um den Preis einer schwarzen Katze zu feilschen; andererseits freilich hätten diese auch die allergrößten Freuden zu erwarten … Wieviel wunderschöne Gegenstände könnte man sich wohl für einen solchen nie aussetzenden Rubel kaufen! Und was ich wohl täte, wenn mir ein solcher Rubel in die Hände fiele! Ich war damals erst acht Jahre alt, aber ich war trotz dieses geringen Alters bereits in Orjol und in Kromy gewesen und kannte einige hervorragende Erzeugnisse der russischen Kunst, die von Kaufleuten gelegentlich des Weihnachtsjahrmarktes in unser Kirchspiel geschafft worden waren.

So wußte ich, daß es auf der Welt sowohl gelbe Lebkuchen mit Honig als auch weiße Lebkuchen mit Zukkerkand gebe, Sirupstangen und Zuckerln zum Lutschen und außerdem ein Naschwerk, das in unserer Sprache als süße Nudeln bezeichnet wurde; es gab auch gewöhnliche Nüsse und geröstete Nüsse, und für einen reicheren Beutel wurden sogar Rosinen und Datteln herbeigeschafft. Außerdem hatte ich Bilder mit Generälen gesehen und eine Menge anderer Gegenstände, die ich keineswegs alle kaufen konnte, da man mir für meine Einkäufe nur einen gewöhnlichen Silberrubel geben würde und keineswegs einen Heckrubel. Aber da beugte sich die Kinderfrau über mich und flüsterte mir zu, daß in diesem Jahr alles anders werden müsse, denn meine Großmutter besitze einen solchen Heckrubel, und die habe sich entschlossen, ihn mir zu schenken, freilich müsse ich sehr vorsichtig mit ihm umgehen, um dieser wunderbaren Münze nicht verlustig zu gehen, da sie eine zauberische und höchst eigenwillige Eigenschaft besitze.

»Was für eine?« fragte ich.

»Das wird dir die Großmutter sagen. Jetzt aber schlafe, denn morgen, wenn du aufwachst, wird deine Großmutter dir den Heckrubel bringen und dir sagen, wie du mit ihm umgehen mußt.«

Geschmeichelt von diesem Versprechen, bemühte ich mich, sofort einzuschlafen, damit nicht das Erwarten des Heckrubels mich zu sehr quäle.

Die Kinderfrau hatte mich nicht getäuscht: Die Nacht flog wie ein kurzer Augenblick, den ich gar nicht erst richtig bemerkte, vorüber, und schon stand Großmutter in ihrer großen Haube mit dem gefälteten Tüllbesatz vor meinem kleinen Bett und hielt in ihren weißen Händen eine neue, saubere Silbermünze, geprägt in bester und vollkommenster Qualität.

»Nun, da hast du einen Heckrubel«, sagte sie.

»Nimm ihn und begib dich in die Kirche. Nach der Messe werden wir alten Leute zu Vater Wassilij, dem Geistlichen, gehen, um bei ihm Tee zu trinken, du aber kannst derweilen allein auf den Jahrmarkt laufen und alles kaufen, wonach du Lust hast. Und wenn du einen Gegenstand erstanden, dann fahr mit der Hand in die

Tasche und gib den Rubel her, dieser aber wird sogleich aufs neue in deiner Tasche sein.«

»Freilich«, entgegnete ich, »das weiß ich alles schon.« Und preßte selber den Rubel in meiner kleinen Faust und hielt ihn, so fest ich konnte.

Großmutter fuhr fort: »Der Rubel kehrt zurück, das ist richtig. Das ist seine gute Eigenschaft – und außerdem kann man ihn nie verlieren; andererseits aber hat er noch eine zweite Eigenschaft, die sehr fatal ist: Der Heckrubel wird in deiner Tasche so lange nicht ausgehen, solange du nur Gegenstände mit ihm kaufst, die dir oder anderen Menschen nötig und nützlich sind; solltest du aber einmal, und sei es auch nur für einen Groschen, etwas völlig Überflüssiges erwerben, so wird dein Rubel im gleichen Augenblick verschwinden.«

»O Großmütterchen«, erwiderte ich, »ich bin Ihnen sehr dankbar, daß Sie mir das gesagt haben; doch seien Sie davon überzeugt, daß ich schon nicht mehr so klein bin, um nicht zu begreifen, was auf der Welt nützlich und was unnütz ist.«

Großmutter schüttelte den Kopf und meinte lächelnd, daß sie es dennoch bezweifle; allein ich beteuerte, daß ich sehr wohl wisse, wie man zu leben habe, wenn man so reich sei. »Vortrefflich«, sagte Großmutter, »trotzdem aber sollst du an das denken, was ich dir soeben gesagt habe.«

»Seien Sie nur ruhig. Sie werden schon sehen, daß ich zu Vater Wassilij einen Haufen der schönsten Einkäufe bringen werde und daß sich mein Rubel dennoch heil und ganz in meiner Tasche befinden wird.«

»Ich werde mich sehr darüber freuen – wir werden ja sehen. Immerhin sollst du nicht zu zuversichtlich sein, und denk daran, daß es keineswegs immer so leicht ist, wie du annimmst, das Notwendige vom Überflüssigen und Dummen zu unterscheiden.«

»Würden Sie nicht in dem Fall so gut sein, mit mir auf den Jahrmarkt zu gehen?«

Großmutter willigte ein, allein sie warnte mich zuvor, daß es ihr nicht möglich sein werde, mir dabei Ratschläge zu erteilen oder mich vor Fehlern oder Übereilungen zurückzuhalten; denn jeder, in dessen Besitz ein Heckrubel sei, dürfe von niemand Ratschläge annehmen, sondern müsse sich von seinem eigenen Verstande leiten lassen.

»Oh, mein liebes Großmütterchen«, entgegnete ich, »Sie werden auch gar nicht in die Notwendigkeit versetzt werden, mir mit Rat beizustehen – ich werde immer nur Ihr Gesicht anschauen und in Ihren Augen lesen, was nötig ist.«

»Schön, dann laß uns gehen!« Und alsbald schickte Großmutter eines unserer Mädchen zu Vater Wassilij und ließ sagen, sie werde ein wenig später zu ihm kommen, und so begaben wir beide uns denn auf den Jahrmarkt.

Das Wetter war vortrefflich – ein leichter Frost mit geringer Feuchtigkeit; in der Luft roch es nach weißen Bauernstrümpfen, Lindenbast, Hirse und Lammfellen. Es war eine Menge Volk zusammengeströmt, und alle trugen das Beste, was sie hatten. Die Jungen aus den reicheren Familien hatten alle von ihren Vätern für ihre kleinen Ausgaben je einen Groschen erhalten und dieses Kapital bereits auf den Erwerb von tönernen Pfeifchen verwandt, auf denen sie ein ganz vertracktes Konzert aufführten. Die ärmeren Kinder dagegen, die keinen Groschen erhalten hatten, standen vor dem Zaun und leckten sich nur neidisch die Lippen. Ich sah, daß sie ebenfalls den heißen Wunsch hegten, ähnliche Musikinstrumente zu besitzen, um aus ganzer Seele mit der allgemeinen Harmonie zu verschmelzen, und … ich blickte Großmutter an …

Tönerne Pfeifchen konnte man nicht gerade als notwendig bezeichnen, und nützlich waren sie schon keineswegs, allein in dem Gesicht meiner Großmutter las ich nicht den geringsten Tadel wegen meiner Absicht, jedem dieser armen Kinder ein Pfeifchen zu kaufen. Im Gegenteil, das gütige Antlitz der Greisin drückte eher eine gewisse Befriedigung aus, die ich als Billigung ansah: Und sogleich versenkte ich meine Hand in die Tasche und zog aus dieser meinen Heckrubel hervor und kaufte eine ganze Schachtel solcher Pfeifchen und erhielt sogar noch ein wenig Kleingeld zurück. Als ich dieses in meine Tasche tat, tastete ich mit der Hand und merkte, daß mein Heckrubel heil und ganz war und sich wieder an seinem Platz befand, genau wie vor dem Einkauf. Und doch hatten alle Kinder ihre Pfeifchen erhalten, und selbst die Ärmsten unter ihnen waren plötzlich genauso glücklich wie die reicheren und pfiffen aus aller Kraft, Großmutter und ich aber gingen weiter, und sie sagte zu mir: »Du hast recht gehandelt, denn auch die armen Kinder müssen spielen und lustig sein, und wer die Möglichkeit hat, ihnen zu einer Freude zu verhelfen, der soll stets vor allem bestrebt sein, diese Möglichkeit auszuführen. Fahre denn zum Beweis, daß ich recht habe, noch einmal mit der Hand in deine Tasche und schau nach, wo dein Heckrubel ist.«

Ich fuhr mit der Hand hinein, und … mein Heckrubel befand sich in meiner Tasche.

Aha, dachte ich, jetzt habe ich also verstanden, wie die Sache liegt, und kann mutiger vorgehen.

Nun begab ich mich zu einem Laden, in welchem Zitz und Tücher feilgehalten wurden, und kaufte für jedes unserer Mädchen ein Tüchlein, der einen ein rosafarbenes, der anderen ein himmelblaues, für die alten Frauen aber kaufte ich himbeerfarbene Kopftücher; aber noch ein jedes Mal, wenn ich die Hand in die Tasche senkte, um die Bezahlung hervorzuziehen, war mein Heckrubel an seinem Platz. Darauf kaufte ich für die Tochter unserer Beschließerin, die demnächst heiraten sollte, zwei Schnallen aus Karneol und wurde dabei ein wenig unruhig; allein Großmutter zeigte nach wie vor eine gute Miene, und so befand sich denn auch nach diesem Einkauf mein Rubel wohlbehalten in meiner Tasche.

»Für eine Braut gehört es sich, sich zu putzen«, sagte Großmutter, »dies ist ein ereignisreicher Tag im Leben eines jeden Mädchens, und es ist sehr lobenswert, wenn man sie erfreut – denn wenn der Mensch sich freut, betritt er mutiger den neuen Lebenspfad, und es hängt doch so viel vom ersten Schritt ab. Du hast sehr wohl getan, die bedürftige Braut zu erfreuen!«

Darauf kaufte ich auch für mich selber eine große Menge von Süßigkeiten und Nüssen, in einem anderen Laden aber erstand ich ein dickes Buch, ›Der Psalter‹, genau das gleiche, das stets auf dem Tisch unserer Viehwärterin gelegen hatte. Die arme Alte hatte dieses Buch sehr geliebt, allein zum Unglück war das Buch auch nach dem Geschmack eines Zuchtkälbchens gewesen, das mit der Viehwärterin die Hütte teilte. Das Kälbchen hatte leider viel zuviel freie Zeit gehabt und diese damit verbracht, in einer glücklichen Stunde des Müßiggangs die Ecken sämtlicher Blätter des Psalters abzuknabbern. Somit war die arme Alte des Vergnügens beraubt worden, die Psalmen, aus denen sie für sich selber Trost schöpfte, zu lesen oder zu singen, und jammerte sehr über den Vorfall.

Ich war davon überzeugt, daß ich, indem ich ihr dieses neue Buch an Stelle des verlorenen alten kaufte, keine leere und überflüssige Tat verrichtete, und so war es denn auch: Als ich meine Hand in die Tasche senkte, war mein Rubel aufs neue an seinem Ort.

Die Zahl meiner Einkäufe wurde immer größer, und der Rahmen, in dem ich sie vollzog, wurde von mir immer weiter gesteckt – ich kaufte einfach alles, was meiner Ansicht nach notwendig war, ja, ich kaufte sogar Dinge, die mir schon fast allzu riskant erschienen, so zum Beispiel kaufte ich unserem jungen Kutscher Konstantin einen reich verzierten Hüftgurt und unserem lustigen Schuhmacher Jegor eine Harmonika. Und trotzdem blieb der Rubel da, obwohl ich das Antlitz der Großmutter schon gar nicht mehr betrachtete und den Ausdruck ihrer Mienen nicht mehr befragte. Ich selber war jetzt der Mittelpunkt des Ganzen – alles blickte mich an, alle folgten mir und sprachen über mich.

»Schaut doch nur unseren jungen Herrn an! Er ist für sich allein in der Lage, den ganzen Jahrmarkt zu kaufen; denn ihr müßt wissen, daß er einen Heckrubel besitzt.«

Ich selber aber fühlte etwas Neues und bis zu jener Zeit mir unbekannt Gebliebenes in mir aufsteigen. Ich wünschte, daß alle sich mit mir beschäftigten, alle hinter mir hergingen und daß alle von mir sprächen, wie klug ich sei, wie reich und gütig.

Und da wurde es mir unruhig zumute und langweilig.

─── ∞∞∞ ───

Um die gleiche Zeit jedoch näherte sich mir plötzlich, weiß Gott, von wo, der dickbäuchigste von allen Jahrmarktshändlern, nahm die Mütze ab und redete mich an: »Ich bin der Dickste von allen und erfahrener als alle, und mich können Sie nicht täuschen. Ich weiß, daß Sie alles kaufen können, was sich hier auf dem Jahrmarkt befindet, denn Sie haben einen Heckrubel. Wenn man einen solchen hat, ist es kein Kunststück, das ganze Kirchspiel in helles Erstaunen zu versetzen, und trotzdem gibt es dennoch etwas, was Sie nicht einmal mit diesem Rubel kaufen können.«

»Gewiß, wenn es ein unnützer Gegenstand ist, so werde ich ihn natürlich nicht kaufen.«

»Was heißt das ›unnützer‹? Würde ich Ihnen denn davon sprechen, wenn er unnütz wäre? Schauen Sie sich lieber um und beachten Sie, von wem wir umringt werden, obwohl Sie doch einen Heckrubel haben. Sie haben für sich selber nichts als Süßigkeiten und Nüsse gekauft, den anderen dagegen eine Unmenge nützlicher Gegenstände, und nun schauen Sie, wie diese Ihre Wohltaten vergelten; schon jetzt haben alle Sie vergessen.«

Ich sah mich um und gewahrte zu meinem äußersten Erstaunen, daß der dickbäuchige Kaufmann und ich allerdings ganz allein dastanden und daß keine Sterbensseele sich in unserer Nähe befand. Großmutter war ebenfalls nicht da, ich hatte sie allerdings schon vorher vergessen, die anderen Jahrmarktbesucher aber hatten sich verzogen und umringten jetzt einen langen und hageren Mann, der über seinem Halbpelz eine lange gestreifte Weste trug, die mit glasähnlichen Knöpfen besetzt war, von denen, wenn er sich bewegte und zur Seite wandte, ein schwaches, trübes Flimmern ausging.

Das war alles, was an dem langen mageren Menschen

anziehend sein konnte, und dennoch zogen die anderen hinter ihm her und gafften ihn an, als wäre er die allermerkwürdigste Naturerscheinung.

»Ich kann nichts Besonderes an ihm gewahren«, sagte ich zu meinem neuen Gefährten.

»Mag sein, allein Sie müssen doch sehen, wie das allen gefällt. Und schauen Sie nur, auch Ihr eigener Kutscher Konstantin mit seinem geckenhaften Gurt folgt ihm, und der Schuhmacher Jegor mit der Harmonika, und die Braut mit den Schnallen, und sogar die alte Viehmagd mit ihrem neuen Buch. Gar nicht erst zu reden von den Kindern mit den Pfeifchen.«

Ich blickte mich um, in der Tat, alle diese umstanden den Mann mit den glasähnlichen Knöpfen, und alle Buben pfiffen auf ihren Pfeifchen seinen Ruhm.

In mir regte sich das Gefühl des Verdrusses. Es schien mir schrecklich kränkend zu sein, und ich fühlte alsbald, daß es meine Pflicht und meine Berufung wäre, mich über den Mann mit den Glasstückchen zu erheben.

»Denken vielleicht auch Sie, daß ich mich nicht über ihn erheben kann?«

»Ja, das denke ich«, entgegnete der Wanst.

»Schön, dann werde ich Ihnen sogleich beweisen, daß Sie im Irrtum sind!« rief ich, lief eilig auf den Mann, der die Weste über dem Halbpelz trug, zu und fragte ihn: »Hören Sie, wollen Sie mir nicht Ihre Weste verkaufen?«

Der Mann mit den Glasscherben drehte sich im Sonnenlicht zu mir um, so daß von den Knöpfen auf seiner Weste ein trübes Flimmern ausging, und erwiderte: »Einverstanden, ich bin mit großer Genugtuung bereit, sie Ihnen zu verkaufen, freilich ist sie sehr teuer.«

»Bitte, sich deswegen nicht zu sorgen; sagen Sie mir schnell den Preis Ihrer Weste.«

Er aber lächelte verschmitzt und meinte: »Ich kann nicht verhehlen, daß Sie noch sehr unerfahren sind, wie es sich für Ihr Alter gehört. – Sie scheinen nicht ganz zu verstehen, worum es sich handelt. Was meine Weste betrifft, die kostet gar nichts, denn weder leuchtet noch wärmt sie, und darum will ich sie Ihnen gern umsonst geben, aber Sie werden mir einen Rubel für jedes der an die Weste gehefteten Glasknöpfchen bezahlen; denn obwohl diese Knöpfchen ebenfalls weder leuchten noch wärmen können, vermögen sie doch auf einen Augenblick ein wenig zu flimmern, und dieses gefällt allen Leuten sehr.«

»Schön«, versetzte ich, »ich will Ihnen einen Rubel für jeden Ihrer Knöpfe geben. Ziehen Sie schnell die Weste aus.«

»Nein, belieben vielmehr Sie zuvor das Geld aufzuzählen.«

»Auch gut.«

Ich steckte die Hand in die Tasche und zog meinen einen Rubel hervor, allein als ich mit der Hand zum zweiten Male hineinfuhr, da ... da war meine Tasche leer ... Mein Heckrubel war nicht mehr zurückgekehrt ... er war verloren … er war verschwunden … er war nicht mehr da, und dabei schauten alle rings mich an und lachten mich aus.

Ich brach in bittere Tränen aus, und … ich erwachte.

⌁⌁⌁

Es war Morgen; vor meinem Bett stand Großmutter in ihrer großen Haube mit dem Tüllbesatz und hielt in der Hand einen nagelneuen Silberrubel, der das übliche Weihnachtsgeschenk bildete, das sie mir bescherte.

Da begriff ich, daß alles, was ich erblickt, sich nicht in Wahrheit, sondern nur im Traum zugetragen, und eilte, ihr zu erzählen, aus welchem Grunde ich geweint hätte.

»Dein Traum ist gut«, sagte Großmutter, »besonders wenn du ihn richtig verstehen wolltest. In allen Märchen und Fabeln liegt immer ein besonderer verborgener Sinn begraben. Der Heckrubel – er ist meiner Ansicht nach jenes Talent, das die Vorsehung jedem Menschen bei seiner Geburt verleiht. Dieses Talent entwickelt sich und wächst, wenn es dem Menschen, der auf dem Kreuzweg von vier Straßen steht, von denen eine ganz augenscheinlich zum Friedhof führen muß, gelingt, Munterkeit und Kraft in sich zu erhalten. Der Heckrubel, das ist jene Kraft, die der Wahrheit und Tugend zu Nutzen der Menschheit zu helfen hat und worin für einen Menschen mit einem gütigen Herzen und klaren Verstand die allerhöchste Genugtuung steckt. Denn was immer ein solcher für das wahrhafte Glück seiner Nächsten tut, wird niemals seinen geistigen Reichtum vermindern, sondern im Gegenteil – je mehr ein solcher aus seiner Seele schöpft, um so reicher wird diese. Der Mann in der Weste, die er über dem warmen Halbpelz trug, ist die Eitelkeit; denn eine Weste über den Halbpelz ist nicht nützlich, wie es auch nicht nötig ist, daß die anderen uns folgen und preisen. Eitelkeit verdüstert den Verstand. Nachdem du einiges erreicht, und zwar sehr wenig im Vergleich mit dem, was du im Besitz dieses nie auszugebenden Rubels hättest erreichen können, warst du bereits hochmütig geworden und hattest dich von mir abgewandt, von mir, die ich in deinem Traum die Lebenserfahrung darstellte. Es war nicht mehr dein vornehmster Wunsch, den anderen Gutes zu tun, sondern du wolltest, es sollten dich alle anschauen und dich preisen. Du wünschtest die völlig überflüssigen Glassplitter zu haben, und so schmolz dein Rubel hin. So gehörte es sich auch, und ich freue mich für dich, daß du eine solche Lehre im Traum erhalten hast. Ich wünschte sehr, daß dieser weihnachtliche Traum in deiner Erinnerung haften bliebe. Jetzt aber laß uns zur Kirche gehen, und dann wollen wir nach der Messe alles das kaufen, was du in deinem Traumgesicht für die bedürftigen Menschen gekauft hast.«

»Mit Ausnahme von einem, teures Großmütterchen.«

Großmutter lächelte nur und sagte: »Gewiß, ich weiß, daß du die Weste mit den gläsernen Knöpfen jetzt nicht mehr kaufen wirst.«

»Nein, und ich will auch die Näschereien nicht mehr kaufen, die ich im Traum für mich selber gekauft.«

Großmutter überlegte eine Weile und sprach dann: »Ich sehe die Notwendigkeit nicht ein, daß du auf dieses geringe Vergnügen verzichten willst, allein … wenn es dein Wunsch ist, mit diesem Verzicht ein viel größeres Glück zu erkaufen, dann … dann begreife ich dich …«

Und plötzlich hielten wir beide uns umarmt und sagten einander nichts mehr, sondern brachen in Tränen aus. Großmutter hatte ja erraten, daß ich beschlossen hatte, all mein kleines Geld an diesem Tage nicht für mich auszugeben. Und als ich meine Absicht dann wirklich ausgeführt, erfüllte sich mein Herz mit einer Freude, wie ich sie bis dahin noch nie verspürt hatte. In dieser Einbuße kleiner Vergnügen zum Wohle der anderen empfand ich zum ersten Mal das, was die Menschen mit dem hinreißenden Wort *das volle Glück* bezeichnen, den Zustand, da man wunschlos geworden ist.

Und so kann ein jeder in seiner gegenwärtigen Lage versuchen, mein Experiment zu wiederholen, und ich bin überzeugt, daß er in meinen Worten keine Unwahrheit, sondern die aufrichtigste Wahrheit finden wird.

ANTON TSCHECHOW

Wanka

Wanka Schukow, ein neunjähriger Junge, den man vor drei Monaten zu dem Schuster Aljachin in die Lehre gegeben hatte, legte sich in der Weihnachtsnacht nicht schlafen. Er wartete ab, bis die Meistersleute mit den Gesellen zur Frühmesse gegangen waren, und holte dann aus dem Schrank des Meisters ein Fläschchen mit Tinte und einen Federhalter mit einer verrosteten Feder. Dann breitete er ein zerknittertes Blatt Papier vor sich aus und begann zu schreiben. Bevor er den ersten Buchstaben malte, schaute er sich mehrmals ängstlich nach der Tür und dem Fenster um, schielte nach dem dunklen Heiligenbild, zu dessen beiden Seiten sich Regale mit Schuhleisten hinzogen, und seufzte tief. Das Papier lag auf der Bank, er selbst kniete davor.

»Lieber Großvater Konstantin Makarytsch!« schrieb er. »Ich schreibe Dir einen Brief. Ich gratuliere Euch zu Weihnachten und wünsche Dir vom lieben Gott alles Gute. Ich habe ja keinen Vater und keine Mutter mehr, nur Du allein bist mir geblieben.«

Wanka ließ den Blick zu dem dunklen Fenster schweifen, in dem sich der Schein der Kerze spiegelte, und stellte sich lebhaft seinen Großvater Konstantin Makarytsch vor, der bei den Herrschaften Shiwarew als Nachtwächter in Diensten steht.

Er ist ein kleiner, hagerer, aber ungewöhnlich beweglicher Greis von fünfundsechzig Jahren, hat ein ewig lachendes Gesicht und die Augen eines Trinkers. Tagsüber schläft er in der Gesindeküche oder schäkert mit den Köchinnen herum, nachts aber geht er, in einen weiten Bauernpelz gehüllt, um den Gutshof herum und schlägt an sein Klopfholz. Hinter ihm trotten mit gesenktem Kopf die alte Hündin Kaschtanka und der junge Rüde Wjun, der ein ganz schwarzes Fell hat und dessen Körper so lang wie der eines Wiesels ist. Dieser Wjun benimmt sich ungewöhnlich respektvoll und freundlich, und er schaut die eigenen Leute ebenso lieb an wie die Fremden, aber er genießt keinen guten Ruf. Hinter seiner Ergebenheit und Demut verbirgt sich eine ausgesprochen jesuitische Tücke. Niemand vermag sich besser anzuschleichen und einen am Bein zu packen, in den Erdkeller einzudringen oder einem Bauern ein Huhn zu stibitzen als er. Man hat ihm schon mehrmals fast die Hinterbeine entzweigeschlagen, zweimal hat man ihn aufgehängt, jede Woche halbtot geprügelt, aber immer wieder ist er auf die Beine gekommen.

Jetzt steht der Großvater wohl am Tor, blinzelt zu den grellroten Fenstern der Dorfkirche hinüber und schwatzt mit dem Hofgesinde, wobei er in seinen Filzstiefeln von einem Bein aufs andere tritt. Sein Klopfholz hat er an den Gürtel gebunden. Er klatscht in die Hände, kichert greisenhaft und zwickt bald das Stubenmädchen, bald die Köchin.

»Wollen wir nicht ein bißchen Tabak schnupfen?« sagt er und hält den Frauen seine Tabaksdose hin.

Die Frauen nehmen eine Prise und niesen. Der Großvater gerät in unbeschreibliches Entzücken, schüttelt sich vor Lachen und schreit: »Reiß ab, sonst friert's an!«

Man läßt auch die Hunde Tabak schnuppern. Kaschtanka niest, verzieht die Schnauze und geht beleidigt weg. Wjun jedoch niest aus Ehrerbietung nicht und wedelt mit dem Schwanz. Das Wetter ist prächtig, die Luft still, durchsichtig und frisch. Die Nacht scheint dunkel, aber man sieht das ganze Dorf mit seinen weißen Dächern und den Rauchfahnen, die aus den Schornsteinen emporsteigen, die vom Reif versilberten Bäume, die Schneewehen. Der ganze Himmel ist besät mit fröhlich blinkenden Sternen, und die Milchstraße zeichnet sich so deutlich ab, als habe man sie vor dem Fest gewaschen und mit Schnee abgerieben.

Wanka seufzte auf, tauchte die Feder ein und schrieb weiter: »Gestern hab' ich Prügel bekommen. Der Meister hat mich an den Haaren auf den Hof gezerrt und mich mit dem Spannriemen verprügelt, weil ich nämlich sein Kind in der Wiege schaukeln sollte und dabei eingeschlafen bin. Und vorige Woche befahl mir die Frau, einen Hering zu putzen, da habe ich am Schwanzende angefangen, da hat sie den Hering genommen und ihn mir in den Mund gestopft. Die Gesellen necken mich immer, sie schicken mich in die Kneipe nach Wodka und verlangen von mir, daß ich der Meisterin Gurken stehle, und der Meister schlägt mit allem zu, was ihm gerade in die Hände kommt. Das Essen ist auch nichts. Morgens gibt es Brot, zu Mittag Grütze und zum Abend ebenfalls Brot, und was Tee ist oder Kohlsuppe, die essen die Meistersleute selber. Schlafen muß ich auf dem Flur, und wenn das Kind weint, kann ich gar nicht schlafen, da muß ich die Wiege schaukeln. Lieber Großvater, sei um Gottes willen so gut und hol mich wieder nach Hause ins Dorf, hier kann ich es nicht aushalten … Ich bitte Dich auf den Knien, ewig will ich für Dich zu Gott beten, hol mich fort von hier, sonst sterbe ich …«

Wanka verzog den Mund, rieb sich mit seiner schwarzen Faust die Augen und schluchzte:

»Ich will für Dich Tabak reiben«, fuhr er fort, »ich will zu Gott beten, und wenn was ist, dann kannst Du mich windelweich schlagen. Und wenn Du denkst, ich habe keine Stelle, dann will ich um Christi willen den Verwalter bitten, daß ich ihm die Stiefel putzen darf, oder ich will für Fedka als Hirtenjunge gehen. Lieber Großvater, hier kann ich es nicht aushalten, es ist einfach mein Tod. Ich würde ja zu Fuß ins Dorf laufen, aber ich habe keine Schuhe, und ich fürchte mich vor dem Frost. Aber wenn ich groß bin, dann will ich Dich dafür ernähren, und keiner darf Dich beleidigen, und wenn Du stirbst, will ich für Dein Seelenheil beten, genauso wie für mein Mütterchen Pelageja.

Moskau ist eine große Stadt. Die Häuser sind alle herrschaftlich, und Pferde sind viele da, aber Schafe gibt es keine, und die Hunde sind nicht böse. Mit dem Stern gehen die Kinder hier nicht, und keinen läßt man im Kirchenchor singen, und einmal sah ich in einem Laden im Fenster Haken für alle Arten Fische, gleich mit der Angelschnur, sehr nützlich, und ein solcher Haken hält einen Wels von einem Pud aus. Dann hab' ich Läden gesehen, wo es allerlei Flinten gibt, wie die Herren welche haben, so für hundert Rubel das Stück ... Und in den Fleischerläden sind Birkhühner und Haselhühner und Hasen, aber wo sie geschossen werden, davon erzählen die Verkäufer nichts.

Lieber Großvater, wenn die Herrschaften einen Tannenbaum mit Naschwerk haben, dann nimm für mich eine vergoldete Nuß und leg sie in den grünen Kasten. Bitte das Fräulein Olga Ignatjewna und sag, es ist für Wanka.«

Wanka seufzte krampfhaft und starrte wieder zum Fenster. Ihm fiel ein, daß der Großvater ihn immer mitgenommen hatte, wenn er nach einem Tannenbaum für die Herrschaften in den Wald gegangen war. Das war eine lustige Zeit! Der Großvater ächzte, der Frost ächzte, und wenn Wanka das so sah, ächzte er auch. Bevor der Großvater die Tanne umlegte, rauchte er ein Pfeifchen, schnupfte ausgiebig Tabak, und er lachte den verfrorenen Wanka aus ... Die jungen reifbedeckten Tannen standen regungslos und warteten darauf, welche von ihnen sterben mußte. Ehe man sich's versah, sauste ein Hase wie ein Pfeil durch die Schneewehen … Der Großvater konnte nicht anders, er mußte schreien: »Halt ihn, halt ihn fest! Ach, dieser kurzschwänzige Teufel!«

Der Großvater schleppte die geschlagene Tanne in das herrschaftliche Haus, wo man sich daran machte, sie zu schmücken. … Am meisten hatte das Fräulein Olga Ignatjewna zu tun, Wankas Liebling. Als Wankas Mutter Pelageja noch lebte und bei den Herrschaften Stubenmädchen war, da fütterte Olga Ignatjewna Wanka mit Kandiszucker, und aus Langeweile brachte sie ihm Lesen und Schreiben bei, lehrte ihn bis hundert zählen und sogar Quadrille tanzen. Als aber Pelageja starb, wurde die Waise Wanka zum Großvater in die Gesindeküche abgeschoben und aus der Küche dann zum Schuster Aljachin nach Moskau …

»Komm, lieber Großvater«, schrieb Wanka weiter, »ich bitte Dich um Christi willen, nimm mich fort von hier. Hab' Mitleid mit mir unglücklichem Waisenkind, sonst haut man mich bloß immer, und ich möchte gern richtig essen, und ich habe solche Sehnsucht, daß man es gar nicht sagen kann, und ich weine immerzu. Neulich hat mich der Meister mit dem Schuhleisten auf den Kopf geschlagen, so daß ich hingefallen und nur mit Mühe wieder zu mir gekommen bin. Mein Leben ist hin, ich lebe schlimmer als jeder Hund … Und grüße noch Aljona und den einäugigen Jegorka und den Kutscher, und gib niemandem meine Harmonika. Immer Dein Enkel Iwan Schukow, komm doch, lieber Großvater.«

Wanka faltete das beschriebene Blatt viermal und steckte es in den Umschlag, den er am Vortag für eine Kopeke gekauft hatte … Er überlegte einen Augenblick, tauchte die Feder ein und schrieb als Adresse:

»An den Großvater im Dorf.«

Darauf kratzte er sich, dachte nach und fügte hinzu: »Konstantin Makarytsch.« Zufrieden, daß man ihn beim Schreiben nicht gestört hatte, setzte er seine Mütze auf, und ohne sein Pelzmäntelchen überzuwerfen, rannte er, nur im Hemd, auf die Straße …

Die Verkäufer aus dem Fleischerladen, die er am Vortag danach fragte, hatten ihm gesagt, daß man Briefe in Briefkästen steckt, von wo aus sie in Posttroikas mit betrunkenen Kutschern und klingenden Glöckchen über die ganze Erde verteilt würden. Wanka rannte bis zum ersten Briefkasten und steckte den kostbaren Brief durch den Schlitz.

Von süßen Hoffnungen gewiegt, schlief er eine Stunde später bereits fest … Er träumte von einem Ofen, darauf saß der Großvater, baumelte mit den nackten Beinen und las den Köchinnen den Brief vor. Vor dem Ofen lief Wjun auf und ab und wedelte mit dem Schwanz.

ALEXEJ TOLSTOI

Der Tannenbaum

Eine große Tanne wurde in den Salon gebracht. Um sie ins Kreuz einzupassen, mußte Pachom lange klopfen und sie mit dem Beil spitzen. Als man den Baum schließlich aufrichtete, war er so hoch, daß die zartgrüne Krone sich an der Decke zurückbog. Kälte strömte von der Tanne aus, aber allmählich tauten die zusammengepreßten Äste auf und breiteten sich aus; die Nadeln lockerten sich, und das ganze Haus duftete nach Tannengrün. Die Kinder trugen einen Arm voll bunter Ketten ins Zimmer und Schachteln mit Weihnachtsschmuck, stellten Stühle an die Tanne und begannen sie zu schmücken. Bald ergab es sich, daß die Sachen nicht ausreichten. Wieder mußten sie sich hinsetzen und Schmuck kleben, Nüsse vergolden und die Pfefferkuchen wie auch die Krimer Äpfel mit Silberfäden versehen. Mit dieser Arbeit verbrachten die Kinder den ganzen Abend, bis Lilja den Kopf mit der zerknitterten Haarschleife auf den Arm sinken ließ und am Tisch einschlief.

Dann kam der Weihnachtsabend. Die Tanne stand da, von goldenem Gespinst umhüllt, die Ketten waren eingehängt und die Lichter in die farbigen Lichthalter geklemmt. Als alles fertig war, sagte die Mutter: »Jetzt geht hinaus, Kinder, und daß mir niemand bis zum Abend ins Zimmer kommt!«

An diesem Tage aß man sehr schnell und spät zu Mittag – die Kinder aßen nur die süße Nachspeise »Charlotte«. Im Hause war ein großes Durcheinander. Die Jungen lümmelten überall herum und hielten jeden auf mit der Frage, ob es bald Abend sei. Selbst Arkadij Iwanowitsch, der einen schwarzen Rock mit langen Schößen und ein steifgebügeltes Hemd angezogen hatte, wußte nicht, was er tun sollte; er ging von Fenster zu Fenster und pfiff vor sich hin. Lilja war zur Mutter gegangen. Die Sonne sank furchtbar langsam zur Erde, wurde rosarot und von Nebelwolken verschleiert; der violette Schatten vom Brunnen dehnte sich immer länger auf dem Schnee aus. Schließlich gab die Mutter das Zeichen zum Anziehen. Nikita fand auf seinem Bett eine blaue seidene Bluse, am Kragen, am Saum und an den Ärmelaufschlägen mit einer Tannenranke bestickt, dazu eine geflochtene Kordel mit kleinen Quasten und ein Paar Sammethosen. Nikita zog sich an und lief zur Mutter. Sie zog mit dem Kamm den Scheitel und glättete ihm die Haare, nahm ihn bei den Schultern, sah ihm aufmerksam ins Gesicht und führte ihn vor den großen Mahagonispiegel. Im Spiegel erblickte Nikita einen gutgekleideten, etwas blassen, netten Jungen. War er das wirklich selbst?

»Ach, Nikita, Nikita«, sagte die Mutter und küßte ihn auf den Kopf, »wärest du doch immer so ein lieber Junge.«

Auf den Fußspitzen ging Nikita in den Flur und sah dort ein Mädchen ganz in Weiß, das ihm mit gemessenen Schritten entgegenkam. Es hatte ein reichverziertes Überkleidchen an und darunter ein Musselinröckchen, eine große weiße Schleife im Haar, und sechs üppige Locken fielen zu beiden Seiten des Gesichts, das er kaum erkannte, auf die hageren Schultern herab. Als Lilja näher kam, schnitt sie ein Gesicht und sah Nikita an. »Was dachtest du wohl – ein Gespenst?« sagte sie. »Hast Angst gehabt?« Sie ging ins Kabinett, setzte sich aufs Sofa und zog die Füße mit herauf.

Nikita folgte ihr und setzte sich auch aufs Sofa, auf das andere Ende. Im Zimmer war geheizt. Die Holzscheite knisterten, Funken sprühten. Das rötlich flimmernde Licht fiel auf die hohen Lehnen der Ledersessel, auf die eine Ecke des goldenen Rahmens an der Wand, auf den Marmorkopf zwischen den Schränken.

Lilja saß da, ohne sich zu rühren. Es war wundervoll, wenn der helle Schein vom Ofen auf ihre Wange und auf das hochgezogene Näschen fiel. Viktor erschien in der blauen Schüleruniform mit blanken Knöpfen und der Tresse am Kragen, der den Hals einschnürte, so daß das Sprechen schwer wurde. Er setzte sich in den Sessel und schwieg auch. Man hörte, wie nebenan im Salon die Mutter und Anna Apollossowna Päckchen öffneten, etwas auf den Fußboden stellten und mit leiser Stimme miteinander sprachen. Viktor schlich sich wohl an das Schlüsselloch, aber es war von der Innenseite mit Papier verstopft.

Dann schlug im Flur die Verbindungstür zu, man hörte Stimmen und viele kleine Schritte. Nikita wußte sofort: Die Kinder aus dem Dorfe waren gekommen. Er hätte zu ihnen laufen müssen, aber er konnte sich nicht rühren. Auf den Eisblumen am Fenster flammte ein bläuliches Lichtlein auf. Mit einem dünnen Stimmchen bemerkte Lilja: »Ein Stern ist aufgegangen!«

In diesem Augenblick öffneten sich die Türen zum Salon. Die Kinder sprangen vom Sofa herab. Im Salon strahlte vom Fußboden bis zur Decke in hundert Kerzen der Tannenbaum. Er stand da wie ein flammender Baum, in Gold, Funken und schimmernden Strahlen glitzernd. Ein volles warmes Licht ging von ihm aus; es duftete nach Tannengrün, nach Wachs, nach Mandarinen und Honigkuchen.

Ergriffen standen die Kinder und rührten sich nicht. Im Salon wurden die anderen Türen geöffnet, und schüchtern, an der Wand sich drängend, kamen die Dorfjungen und -mädchen herein. Sie alle waren in Wollstrümpfen ohne Filzstiefel, in roten, gelben und rosafarbenen Blusen und in roten, rötlichen und weißen Kopftüchern. Die Mutter setzte sich an den Flügel und spielte eine Polka. Spielend wandte sie sich zum Tannenbaum und begann lächelnd zu singen:

> *»Hat der Storch auch lange Beine,*
> *fanden sie doch nicht den Weg …«*

Nikita reichte Lilja die Hand. Sie gab ihm die ihre und sah dabei auf die Lichter. In ihren blauen Augen, in jedem einzeln, flammte ein Lichterbäumchen auf. Die Kinder standen und bewegten sich nicht. Schließlich ging Arkadij Iwanowitsch zu den Jungen und Mädchen, nahm ihre Hände und tanzte um den Tannenbaum herum. Die Schöße seines Rockes flatterten hinter ihm her. Tanzend erwischte er noch zwei andere, dann Nikita, Lilja und Viktor, und schließlich kreisten alle Kinder im Reigen um den Tannenbaum. Die Kinder begannen zu singen:

>*Will das Gold wohl horten, horten,*
will das Silber horten, horten …«

Nikita nahm vom Baum einen Knallbonbon und riß ihn auf; eine Kappe mit Sternen war darin. Gleich darauf knallten die anderen los; es roch nach Knallpulver, überall raschelte Seidenpapier. Lilja fand ein Papierschürzchen mit Täschchen. Sie band es um. Ihre Wangen waren rot wie Äpfel; auf den Lippen hatte sie noch die Reste von Schokolade. Sie lachte die ganze Zeit und sah sich die große Puppe an, die unter der Tanne im Körbchen inmitten ihrer Puppenausstattung saß. Dort unter der Tanne lagen auch die in farbige Tücher eingeschnürten Papierpäckchen mit den Geschenken für die Jungen und Mädchen. Viktor erhielt ein Regiment Soldaten mit Kanonen und Zelten, Nikita einen richtigen ledernen Sattel, einen Zaum und eine Reitgerte.

Jetzt hörte man nur noch, wie die Nüsse knackten und wie unter den Füßen die Nußschalen knirschten, wie die Kinder durch die Nase atmeten, als sie ihre Päckchen mit den Geschenken auspackten. Die Mutter setzte sich wieder an den Flügel und begann zu spielen; um den Tannenbaum kreiste Lieder singend der Reigen. Die Lichter brannten bereits ab; Arkadij Iwanowitsch sprang hinzu und löschte sie. Der Tannenbaum wurde dunkel. Die Mutter schloß den Flügel und schickte alle ins Eßzimmer zum Teetrinken.

Aber auch hier beruhigte sich Arkadij Iwanowitsch noch nicht. Er bildete eine Kette und führte sie – er selbst an der Spitze und fünfundzwanzig Kinder hinter ihm her – auf Umwegen durch den Flur ins Eßzimmer.

Im Vorzimmer löste sich Lilja aus der Kette, stand still und schaute, den Atem anhaltend, mit lachenden Augen Nikita an. Sie standen neben der Garderobe mit den Pelzen. Lilja fragte: »Warum lachst du?«

»Du lachst ja«, erwiderte Nikita.

»Warum guckst du mich denn so an?«

Nikita wurde rot, ging aber näher, und ohne zu wissen, wie es kam, beugte er sich zu Lilja und gab ihr einen Kuß. Sie antwortete sehr schnell: »Du bist ein lieber Junge. Ich habe dir das nicht gesagt; denn niemand soll das wissen, es bleibt ein Geheimnis.« Damit drehte sie sich weg und lief ins Eßzimmer.

Nach dem Tee versuchte Arkadij Iwanowitsch ein Pfänderspiel, doch die Kinder waren müde, übersättigt und begriffen nur schlecht, was sie tun sollten. Schließlich schlief ein ganz kleiner Junge in seinem gesprenkelten Kittelchen ein, fiel vom Stuhl und fing laut zu weinen an. Die Mutter sagte, daß das Tannenbaumfest jetzt zu Ende sei.

Die Kinder verschwanden in den Flur, wo an der Wand ihre Filzstiefel und Pelze lagen. Sie zogen sich an und stürzten in gedrängten Haufen aus dem Hause in die Kälte hinaus.

Nikita begleitete die Kinder bis zum Staudamm. Als er allein nach Hause zurückkehrte, leuchtete hoch am Himmel in blassen Regenbogenkreisen der Mond. Die Bäume auf dem Damm standen weiß und gewaltig da und waren, wie es schien, im Mondenschein noch gewachsen und ragten noch höher hinauf. Rechts dehnte sich im unabsehbaren frostigen Nebel die Schneefläche aus. Zur Seite Nikitas folgte Schritt um Schritt der langgezogene großköpfige Schatten. Es schien Nikita, als gehe er wie im Traum durch ein verwunschenes Land. Nur in einer Märchenwelt ist es einem so sonderbar und glücklich ums Herz.

Der Knabe bei Christus

Ich träume von einem Knaben, einem noch sehr kleinen Knaben, sechs Jahre alt oder noch jünger. Dieser Knabe erwachte an einem Morgen im feuchten und kalten Keller. Er war mit einem Kittel bekleidet und zitterte. Sein Atem entfloh als weißer Dampf, und er saß auf einer Kiste in der Ecke und blies vor Langeweile den Dampf absichtlich aus dem Mund und unterhielt sich damit, daß er zuschaute, wie er entfloh. Aber er hätte gerne etwas gegessen. Er war schon einige Male im Laufe des Morgens zu der Pritsche gegangen, wo, auf einer pfannkuchendünnen Unterlage und mit einem Bündel statt eines Kissens unter dem Kopf, seine kranke Mutter lag. Wie war sie hierhergeraten? Wahrscheinlich war sie mit ihrem kleinen Knaben aus einer fremden Stadt gekommen und plötzlich erkrankt. Die Vermieterin der Schlafstelle war schon vor zwei Tagen von der Polizei geholt worden, die Mieter hatten sich zerstreut, da gerade Feiertag war, und der einzige Zurückgebliebene, ein Trödler, lag völlig betrunken in seiner Ecke, ohne erst noch die Feiertage abgewartet zu haben. In der anderen Ecke des Zimmers stöhnte, gequält vom Rheumatismus, eine achtzigjährige

Greisin, die einmal irgendwo Kinderfrau gewesen war und nun einsam sterben mußte; sie ächzte und brummte und schalt den Knaben, so daß er sich fürchtete, sich ihrer Ecke zu nähern. Zu trinken hatte er im Flur etwas bekommen, aber ein Endchen Brot war nirgends zu finden, und wohl schon zum zehnten Male versuchte er, seine Mutter zu wecken. Ihm wurde schließlich ganz bang im Dunkeln, denn es war schon lange Abend, aber noch immer wurde kein Licht angezündet. Er befühlte das Gesicht der Mutter und wunderte sich, daß sie sich gar nicht rührte und so kalt war wie die Wand. Es ist sehr kalt hier, dachte er, stand eine Weile da, unbewußt seine Hand auf der Schulter der Entschlafenen lassend, hauchte dann auf seine Finger, um sie zu erwärmen, und ging plötzlich, nachdem er seine Mütze von der Pritsche genommen hatte, leise tastend aus dem Keller hinaus. Er wäre schon früher gegangen, aber er fürchtete sich vor dem großen Hund, der oben auf der Treppe den ganzen Tag vor den Türen der Nachbarn heulte. Jetzt jedoch war der Hund nicht mehr da, und der Knabe ging gleich auf die Straße hinaus.

Herr, war das eine Stadt! Nie zuvor hatte er etwas Ähnliches gesehen. Dort, woher er gekommen war, war es nachts so finster; eine einzige Laterne beleuchtet die ganze Straße. Die Fenster der niedrigen Holzhäuschen werden mit Lädchen verschlossen; auf den Straßen war, wenn es kaum dämmerte, kein Mensch mehr zu sehen, alle schlossen sich in ihren Häusern ein, nur ganze Rudel von Hunden, Hunderte, Tausende von Hunden heulten und bellten die ganze Nacht hindurch. Aber dafür war es dort warm, und er hatte zu essen gehabt, aber hier ... Gott, wenn es doch etwas zu essen gäbe! Und was für ein Dröhnen und Lärmen war hier, wieviel Licht und Menschen, Pferde und Wagen, und die Kälte, die Kälte! Eisig strömt den gejagten Pferden der Dampf aus den heiß atmenden Mäulern; durch den lockeren Schnee schlagen die Hufeisen auf die Pflastersteine, und alle stoßen ihn, und, o Gott, er möchte so gern essen, nur ein kleines Stück, und so weh tun ihm auf einmal die Fingerchen! Ein Hüter der Ordnung ging vorbei und wandte sich ab, um den Knaben nicht zu sehen.

Wieder eine Straße – ach, wie breit! Hier wird man sicher überfahren; wie sie alle schreien, laufen und fahren, und das Licht, das Licht! Und was ist das? Oh, ein großes Fenster, und hinter dem Glas ist ein Zimmer und im Zimmer ein Baum, bis zur Decke. Das ist ein Christbaum, und auf dem Christbaum so viele Lichter, so viele goldene Papierchen und Äpfelchen, und um den Baum Puppen und kleine Pferde; und im Zimmer laufen Kinder umher, schön gekleidet, sauber, und lachen und spielen, essen und trinken. Da tanzt ein kleines Mädchen mit einem Knaben. So ein hübsches Mädchen! Jetzt hört er die Musik durch das Fenster. Der Knabe schaut, wundert sich, lacht jetzt, aber es tun ihm die Zehen weh, und die Finger an den Händen sind ganz rot geworden, lassen sich nicht mehr biegen, und es tut weh, wenn er sie bewegt. Und plötzlich merkte der Knabe, wie sehr ihn die Finger schmerzten, er weinte und lief weiter. Und da sieht er durch ein anderes Fenster ein Zimmer, in dem auch solche Bäume stehen, aber auf den Tischen stehen allerlei Kuchen – rote, gelbe Mandelkuchen, und es sitzen vier reich gekleidete Damen da, und wenn jemand hereinkommt, bekommt er Kuchen, und die Tür geht jeden Augenblick auf, und es kommen viele Herrschaften von der Straße herein. Der Knabe schlich heran, öffnete plötzlich die Tür und trat ein. Ach, wie sie ihn anschrien, mit den Armen fuchtelten! Eine Dame trat hastig auf ihn zu, steckte ihm eine Kopeke in die Hand und öffnete ihm selber die Tür. Wie er da erschrak! Die Kopeke entfiel ihm und klirrte über die Stufen hinab; er konnte seine roten Fingerchen nicht mehr biegen und sie festhalten. Der Knabe lief hinaus, ging schneller und immer schneller und wußte selbst nicht wohin. Er hätte gerne wieder geweint, aber er fürchtete sich; er lief, lief und hauchte in seine Händchen. Und es ward ihm so weh ums Herz, denn er fühlte sich auf einmal so verlassen, aber plötzlich, o Gott, was ist denn das wieder? Eine ganze Schar von Menschen steht da und staunt in ein Fenster, hinter der Glasscheibe stehen drei kleine Puppen in schönen roten und grünen Kleidern und sehen ganz wie lebendig aus! Ein alter Mann sitzt dabei und scheint auf einer großen Geige zu spielen; zwei andere stehen neben ihm und spielen auf kleinen Geigen und wackeln mit den Köpfen im Takt und blicken einander an und bewegen die Lippen.

Sie sprechen, sie sprechen wirklich, nur kann man sie durch die Fensterscheibe nicht hören. Anfangs meinte der Knabe, sie seien lebendig, als er aber erriet, daß es Puppen waren, fing er plötzlich zu lachen an. Nie hatte er solche Püppchen gesehen und auch nicht gewußt, daß es solche gibt. Er möchte weinen, aber die Püppchen sind so spaßig! Plötzlich fühlte er, daß ihn jemand von hinten am Röckchen packte; ein großer, böser Knabe stand neben ihm, haute ihn auf den Kopf, riß ihm die Mütze herunter und stellte ihm ein Bein. Der Knabe fiel zu Boden, er hörte Schreien, erstarrte vor Schrecken, sprang auf und lief davon und, ohne zu wissen wie, vor ein geschlossenes Tor, kroch unten durch in einen fremden Hof und versteckte sich hinter dem aufgestapelten Holz. Hier finden sie mich nicht; es ist auch dunkel. Er kauerte sich zusammen und konnte vor Schreck lange nicht zu Atem kommen. Und plötzlich ward ihm so wohl: Hände und Füße schmerzten nicht mehr, und ihm wurde so warm, so warm, wie auf einem Ofen. Da fuhr er zusammen: Ach, bald wäre ich eingeschlafen! Wie schön wäre es, hier einzuschlafen! Ich bleibe eine Weile sitzen, dann gehe ich wieder die Püppchen ansehen, dachte der Knabe und lächelte in Gedanken an sie. Ganz wie lebendig. Und plötzlich hörte er seine Mutter über seinem Haupt ein Lied singen: »Mutter, ich schlafe, ach, wie schön ist es, hier zu schlafen!«

»Komm mit mir, mein Knabe, zum Christbaum«, flüsterte plötzlich eine leise Stimme über ihm.

Anfangs glaubte er, es wäre wieder seine Mutter, aber nein, sie ist es nicht! Wer ihn gerufen hat, sieht er nicht, aber jemand bückt sich über ihn und umarmt ihn im Dunkeln. Und er streckt die Hand entgegen und … plötzlich – oh, wieviel Licht! Oh, was für ein Christbaum! Das ist kein Tannenbaum, solche Bäume hat er noch nie gesehen! Wo befindet er sich nur? Alles glänzt, alles leuchtet – und ringsherum lauter Püppchen! Aber nein, es sind lauter kleine Knaben und Mädchen, alle leuchtend; sie drehen sich um ihn, schweben umher, küssen ihn, umfassen ihn, tragen ihn mit sich, jetzt schwebt er selbst und sieht – seine Mutter schaut ihn an und lächelt freudig. »Mutter, Mutter! Ach, wie schön ist es hier, Mutter!« rief der Knabe und küsste wieder die Kinder und möchte ihnen schnell von den Püppchen im Fenster erzählen. »Wer seid ihr, Knaben? Wer seid ihr, Mädchen?« fragte er sie, lachend und von Liebe zu ihnen erfüllt.

»Das ist der Weihnachtsabend bei Christus«, antworteten sie ihm. »An diesem Tag hat der Heiland immer einen Christbaum für kleine Kinder, die dort keinen eigenen Baum haben.« Und er vernahm, daß diese Knaben und Mädchen genau solche Kinder waren wie er, doch einige von ihnen waren schon in ihren Körben erfroren, als man sie vor den Türen der Petersburger Beamten auf der Treppe liegen ließ, während andere bei den finnischen Weibern erstickten, denen das Findelhaus sie zur Pflege gegeben hatte, und wieder andere an den ausgezehrten Brüsten ihrer Mütter (während der Hungersnot in Samara) starben oder im Gestank der Eisenbahnwagen dritter Klasse umkamen. Sie alle sind jetzt da, sie alle sind jetzt Engel, alle bei Christus, und Er selbst ist mitten unter ihnen, streckte seine Arme nach ihnen aus und segnete sie und ihre sündigen Mütter. Und die Mütter dieser Kinder stehen auch alle da, etwas abseits, und weinen. Jede erkennt ihren Knaben oder ihr Mädchen, und die Kinder schweben auf sie zu und küssen sie, wischen ihnen die Tränen mit ihren Händchen ab und bitten sie, nicht zu weinen, weil es ihnen hier so gut ginge …

Am nächsten Morgen fanden die Hausknechte hinter dem Holz die kleine Leiche eines hergelaufenen, erfrorenen Knaben; man machte auch seine Mutter ausfindig … Die war noch vor ihm gestorben; beide sahen sich beim Herrgott im Himmel wieder.

LEO N. TOLSTOI

Wo Liebe ist, da ist Gott

In einer Stadt lebte der Schuhmacher Martyn Awdjejitsch. Er bewohnte im Erdgeschoß eine Stube, in der nur ein Fenster war. Dieses Fenster ging auf die Straße, und er sah die Menschen, die vorübergingen. Wenn auch nur die Füße zu sehen waren, so konnte Martyn Awdjejitsch die Leute doch an den Stiefeln erkennen. Martyn Awdjejitsch wohnte schon lange da und hatte viele Bekannte. Selten gingen ein Paar Stiefel vorüber, die er nicht schon ein- oder zweimal in seinen Händen gehabt hatte. Auf die einen hatte er die Sohlen geschlagen, auf die anderen einen Flicken gesetzt, einige genäht und bei anderen auch neue Spitzen aufgesetzt. So sah er durch das Fenster oft seine eigene Arbeit.

Awdjejitsch hatte viel zu tun, da er seine Sache gut machte, gutes Material nahm, nicht zuviel Geld forderte und immer sein Wort hielt. Wenn er es zur rechten Zeit machen konnte, sagte er es, wenn nicht, so versprach er es auch nicht.

Alle kannten Awdjejitsch, und die Arbeit hörte bei ihm nicht auf. Awdjejitsch war auch immer ein guter Mensch – aber je älter er wurde, desto mehr dachte er über seine Seele nach und über Gott.

Als Martyn noch bei seinem Meister arbeitete, starb seine Frau, und es blieb ihm nur ein Junge – drei Jahre alt. Andere Kinder waren nicht am Leben geblieben, die älteren starben schon früher.

Anfänglich wollte Martyn sein Söhnchen zu seiner Schwester aufs Dorf geben, es tat ihm leid und er dachte: »Schwer wird es meinem Kapitoschka in einer fremden Familie fallen – ich behalte ihn doch lieber.«

So ging Awdjejitsch von seinem Meister fort und wohnte mit seinem Söhnchen zur Miete. Aber Gott hatte ihm kein Glück mit Kindern gegeben. Sobald der Junge heranwuchs und anfing, dem Vater zu helfen, daß er seine Freude an ihm hatte, überfiel Kapitoschka eine Krankheit, der Junge legte sich, fieberte eine Woche und starb.

Martyn begrub seinen Sohn und war verzweifelt. In seiner Verzweiflung fing er an, mit Gott zu hadern. So tiefer Kummer überfiel Martyn, daß er nicht nur einmal Gott um den Tod bat und Gott vorwarf, daß er nicht ihn, den Alten, genommen hatte, sondern den geliebten einzigen Sohn. Awdjejitsch hörte auf, in die Kirche zu gehen. Und es geschah, daß eines Tages zu ihm ein alter Landsmann aus dem Kloster Troitzk kam, der schon acht Jahre Pilger war. Awdjejitsch kam mit ihm ins Gespräch und klagte ihm sein Leid.

»Ich habe keine Freude mehr am Leben, du Mann Gottes«, sagte er, »ich möchte nur sterben, und um dieses eine bitte ich Gott. Ich lebe ja jetzt als ein Mensch ohne Hoffnung!«

Der Alte sagte zu ihm: »Du sprichst nicht gut, Martyn. Wir dürfen nicht über Gott urteilen. Nicht nach unserem Verstande, sondern nach Gottes Willen geht es. Deinem Sohn war es von Gott bestimmt zu sterben, und dir ist es bestimmt zu leben. Also ist es so auch gut. Und daß du verzweifelst, kommt daher, weil du nur für dich leben willst.«

»Aber wofür soll man denn leben?« fragte Martyn.

Der Alte antwortete: »Für Gott, Martyn, muß man leben. Er gibt dir das Leben – für ihn muß man auch dasein. Wenn du anfängst, für ihn zu leben, so wirst du keine Sorgen haben, und alles wird dir leichter fallen.«

Martyn schwieg eine Weile und sagte dann: »Wie kann man denn für Gott leben?« Der Alte antwortete: »Wie man für Gott leben kann – das hat uns Christus gezeigt; kannst du lesen? Kauf dir das Evangelium und lies, dann wirst du sehen, wie man für Gott leben kann, da ist alles gezeigt!«

Diese Worte fielen tief in das Herz Awdjejitschs. Er ging noch am selben Tage und kaufte sich ein Neues Testament mit großen Buchstaben und fing an zu lesen.

Eigentlich wollte Awdjejitsch nur an Feiertagen lesen, aber als er anfing, wurde ihm so wohl ums Herz, daß er jeden Tag las. Es kam vor, daß er sich so vertiefte, bis das Öl in der Lampe auszugehen drohte, und immer noch konnte er sich nicht von dem Buch trennen.

So las Awdjejitsch jeden Abend. Und je mehr er las, desto klarer verstand er, was Gott von ihm wollte und wie man für Gott lebt. Immer leichter wurde ihm ums Herz. Früher, wenn er sich legte, stöhnte und seufzte er immer und dachte an Kapitoschka. Aber jetzt tröstete er sich: »Gepriesen seist du, Herr! Dein Wille geschehe!«

Von dieser Zeit an kam eine Änderung in das Leben Awdjejitschs.

Früher war es vorgekommen, daß er an Feiertagen in eine Wirtschaft ging, um Tee zu trinken; auch ein Schnäpschen verachtete er nicht. Er trank es mit einem seiner Freunde, und wenn er auch nicht betrunken war, so ging er doch etwas angeheitert aus der Wirtschaft, schwatzte allerhand dummes Zeug und verleumdete seine Mitmenschen.

Jetzt war das alles anders. Sein Leben wurde ein stilles und freudiges. Morgens setzte er sich an die Arbeit, und wenn er den Tag über gearbeitet hatte, so nahm er die Lampe vom Haken, stellte sie auf den Tisch, holte das Buch vom Wandbrett, schlug es auf und setzte sich zum Lesen. Und je mehr er las, desto mehr verstand er, und desto heller und freudiger wurde es in seinem Innern.

Einmal war es beim Lesen sehr spät geworden. Er las gerade das Evangelium von Lukas, das sechste Kapitel. Er las die Verse: »Wenn dich jemand auf die eine Wange schlägt, so halte ihm auch die andere hin; und nimmt dir einer deinen Mantel, dann verwehre ihm auch nicht den Rock. Bittet dich jemand, so gib; und nimmt man dir das Deine, so fordere es nicht wieder. Was ihr von den Leuten erwartet und zu empfangen wünscht, das erweist ihnen auch.«

Er las auch noch die Verse, wo der Herr sagt: »Wie könnt ihr mich ›Herr‹ nennen, wenn ihr doch nicht tut, was ich euch gebiete. Wer zu mir kommt und meine Rede hört und danach tut, der ist einem Menschen gleich, der ein Haus baute, dazu tief ausgrub und das Fundament auf Felsen legte. Als dann Hochwasser kam und die Wasserflut an das Haus heranbrauste, wurde es doch nicht erschüttert, denn es war auf Felsen gegründet. Wer aber das Wort hört und nicht danach tut, der ist einem Menschen gleich, der sein Haus auf die Erde ohne Fundament baute. Als dann das Hochwasser heranflutete, fiel es zusammen, und die Zerstörung des Hauses war groß.«

Als Awdjejitsch diese Worte las, wurde er in der Seele froh. Er nahm die Brille ab, legte sie auf das Buch, stützte seinen Ellbogen auf den Tisch und dachte nach. Er verglich sein Leben mit diesen Worten. So dachte er über sich: »Ist mein Haus auf Felsen gegründet oder auf Sand? Gut, wenn es auf Felsen gegründet ist, dann ist es einem so leicht, auch wenn man allein ist. Man hat alles getan, was Gott will, wenn man sich aber zerstreut, so sündigt man wieder. Ich will mich bemühen, denn so ist es gut, hilf mir, Herr!«

So dachte er und wollte sich gerade hinlegen, aber es tat ihm auch jetzt wieder leid, sich von dem Buch zu trennen, und er las auch noch das siebente Kapitel. Er las über den Knecht des Hauptmanns, über den Jüngling der Witwe, über die Antwort der Jünger des Johannes, und er kam an die Stelle, wo der reiche Pharisäer Jesus zu sich zu Gast bittet, und wie die Sünderin seine Füße salbte und mit ihren Tränen netzte und wie er sie rechtfertigte. So kam er bis zum vierundzwanzigsten Vers und las: »Darauf wandte er sich an die Frau und sprach zu Simon: Siehst du diese Frau? Ich bin in dein Haus gekommen, und du hast mir kein Wasser für meine Füße gegeben, sie aber hat meine Füße mit ihren Tränen benetzt und mit den Haaren ihres Hauptes getrocknet. Du hast mir keinen Kuß gegeben, sie aber hat seit ihrem Eintritt nicht aufgehört, meine Füße zu küssen. Du hast mein Haupt nicht mit Öl gesalbt, sie aber hat meine Füße mit Myrrhe gesalbt.«

Er las die Verse: »Du hast mir kein Wasser für die Füße gegeben, hast mich nicht geküßt; das Haupt nicht mit Öl gesalbt ...«

Und wieder nahm Awdjejitsch die Brille ab, legte sie auf das Buch und versank in Gedanken: »Scheinbar war der Pharisäer so einer wie ich, so habe auch ich immer nur an mich gedacht: daß ich meinen Tee trinke, daß ich in meiner warmen Stube sitze – aber an den Gast habe ich nie gedacht. An mich habe ich wohl gedacht, aber um den Gast habe ich mich nicht gekümmert. Wer dieser Gast wohl ist? Der Herr selbst. Wenn er nun zu mir käme, würde ich wohl auch so handeln?« Und sich auf die Ellbogen stützend, merkte Awdjejitsch nicht, wie er einschlief.

»Martyn!« hörte er es plötzlich leise an seinem Ohr. Martyn fuhr aus dem Schlafe auf. »Wer ist da?«

Er drehte sich um und schaute nach der Tür – es war niemand da! Wieder schlief er ein. Und wieder hörte er ganz deutlich: »Martyn, du, Martyn! Schau morgen auf die Straße – ich komme!«

Martyn wachte auf, erhob sich vom Stuhl und rieb sich die Augen. Er wußte selbst nicht, ob er diese Worte im Traum oder wach gehört hatte. Er drehte die Lampe aus und schlief ein.

Am anderen Morgen stand Awdjejitsch vor Tagesanbruch auf, verrichtete sein Gebet, heizte den Ofen, setzte seine Borschtsch und die Grütze an und machte den Samowar zurecht. Dann tat er sich die Schürze um und setzte sich ans Fenster zu seiner Arbeit. So sitzt Awdjejitsch bei der Arbeit und denkt dabei immer an den gestrigen Abend. Bald glaubt er, es sei ihm nur so vorgekommen, dann denkt er wieder, daß es wirklich eine Stimme war.

»Nun«, denkt er, »es ist auch das schon vorgekommen.«

Martyn sitzt am Fenster und arbeitet nicht soviel, als er hinausschaut. Und sooft jemand in unbekannten Stiefeln vorbeikommt, beugt er sich vor, um nicht nur die Füße, sondern auch das Gesicht sehen zu können. Der Hausknecht ging in neuen Filzstiefeln vorbei, dann der Wasserführer, dann kam ein alter Soldat aus Kaiser Nikolais Zeiten in geflickten, alten Filzstiefeln und mit einer

Schaufel in der Hand. Awdjejitsch erkannte ihn an den Filzstiefeln. Der Alte hieß Stepanitsch und wohnte in der Nachbarschaft bei einem Kaufmann, der ihn aus Barmherzigkeit aufgenommen hatte. Stepanitsch mußte dafür dem Hausknecht helfen. Jetzt fing er an, vor Awdjejitschs Fenster den Schnee wegzuschaufeln. Awdjejitsch sah ihm zu und arbeitete dann wieder weiter.

»Ich bin doch wohl auf meine alten Tage dumm geworden« – lachte Awdjejitsch über sich selbst. »Stepanitsch schaufelt Schnee, und ich meine, Christus komme zu mir. Bist doch recht dumm, alter Graukopf!«

Awdjejitsch hatte kaum zehn Stiche getan, so zog es ihn wieder, durchs Fenster zu schauen. Er blickte durchs Fenster und sah: Stepanitsch hatte die Schaufel an die Mauer gestellt, aber er konnte sich weder ausruhen noch wärmen. »Der alte, hinfällige Mensch hat anscheinend keine Kraft mehr, den Schnee zu schaufeln. Ob ich ihn wohl mit Tee bewirten soll? Der Samowar läuft ja auch beinah über.«

Awdjejitsch steckte seine Ahle weg, stand auf, stellte den Samowar auf den Tisch, goß Tee ein und klopfte mit dem Finger an die Scheibe. Stepanitsch wandte sich um und kam zum Fenster. Awdjejitsch winkte ihm einzutreten und ging hin, die Tür zu öffnen. »Komm herein und wärm dich!« sagte er. »Bist wohl erfroren, wie?«

»Christus sei mir gnädig, mir tun die Knochen weh«, sagte Stepanitsch. Stepanitsch trat ein – schüttelte den Schnee ab, putzte seine Füße, um nicht den Fußboden zu beschmutzen, und taumelte in die Stube.

»Bemüh dich nicht, sie abzuputzen. Ich wische es wieder auf, das ist ja einmal meine Arbeit. Komm hier her und setz dich«, sagte Awdjejitsch, »so, nun sollst du Tee trinken.«

Und Awdjejitsch füllte zwei Gläser und schob das eine dem Gast hin; seinen Tee goß er in die Untertasse und fing an zu pusten. Stepanitsch trank sein Glas aus und stülpte es um, mit dem Boden nach oben, legte den Rest Zucker darauf und dankte. Es war ihm aber anzusehen, daß er gern noch mehr getrunken hätte.

»Trink noch!« sagte Awdjejitsch und goß sich und dem Gast noch ein Glas voll. Awdjejitsch trank seinen Tee und schaute dabei ab und zu auf die Straße. »Du wartest wohl auf jemand?« fragte der Gast.

»Ob ich auf jemand warte? Ich schäme mich eigentlich zu sagen, auf wen ich warte. Ich warte – und warte auch nicht, aber ein Wort ist mir aufs Herz gefallen, ob es eine Erscheinung war oder etwas anderes – ich weiß es selber nicht. Siehst du, mein lieber Bruder, ich las gestern das Evangelium von Christus, unserem Väterchen, wie er gelitten hat, wie er auf der Erde wandelte. Hast du auch schon etwas davon gehört?«

»Ja, doch; ich habe schon davon gehört«, antwortete Stepanitsch, »aber ich bin ein unwissender Mensch und kann nicht lesen.«

»Nun, ich las gerade darüber, wie er auf der Erde wandelte, ich las, weißt du, wie er beim Pharisäer einkehrte und dieser ihn nicht richtig empfing. – Ja, Bruder, ich las gerade gestern Abend darüber und dachte so – wie konnte er nur unser Väterchen Christus nicht mit aller Ehrerbietung aufnehmen? Wenn es mir oder einem anderen geschehen wäre – denke ich mir –, so wüßte ich gar nicht, was ich alles anstellen würde, um ihn zu empfangen. Und dieser bereitet ihm nun keinen Empfang! Sieh, so dachte ich darüber nach und schlief ein. Als ich so schlief, mein lieber Bruder, hörte ich meinen Namen rufen. Ich erhob mich, die Stimme flüsterte mir ganz leise zu: ›Warte auf mich, ich komme morgen!‹ Dieses geschah zweimal. Und nun, glaube mir – ist mir das in den Kopf gestiegen, ich schelte mich und erwarte doch ihn – unser Väterchen.«

Stepanitsch schüttelte den Kopf und sagte nichts. Er trank seinen Tee aus, stellte das Glas auf die Seite, aber Awdjejitsch stellte es wieder hin und füllte es noch einmal. »Trink auf dein Wohl! – Ich denke auch darüber nach, wie er – unser Väterchen – auf der Erde ging, keinen Menschen verachtete, sondern stets bei dem einfachen Volke war. Er ging immer ganz schlicht, sammelte seine Jünger, und es waren meistens Menschen von unserer Sorte – solche wie wir Sünder – von den Arbeitern. ›Wer sich selbst erhöht‹, sagte er, ›der soll erniedrigt werden, wer sich aber erniedrigt, der wird erhöht werden.‹ – ›Ihr nennt mich euren Herrn‹, sagte er, ›und ich will euch die Füße waschen.‹ – ›Wer der erste sein will, der muß allen ein Diener sein, darum‹, so sagte er, ›selig sind die Armen, die Demütigen, die Sanftmütigen und die Barmherzigen.‹«

Stepanitsch vergaß seinen Tee zu trinken. Er war alt und weichherzig. Er saß da, hörte zu, und die Tränen rannen ihm übers Gesicht.

»Nun, trink doch«, sagte Awdjejitsch. Stepanitsch aber bekreuzigte sich, dankte, schob sein Glas beiseite und stand auf.

»Ich danke dir, Martyn Awdjejitsch«, sagte er, »du hast mich bewirtet und mir Seele und Leib erquickt.«

»Ich bitte dich sehr, komm bald wieder, ich freue mich immer über einen Gast«, sagte Awdjejitsch.

Stepanitsch ging, und Martyn schenkte sich den letzten Tee ein, trank ihn aus – räumte das Geschirr ab und setzte sich wieder ans Fenster zur Arbeit – einen Absatz fertigzumachen. Er arbeitete, aber immer wieder mußte er durchs Fenster schauen – auf Christus warten – immer dachte er an ihn – an seine Werke, und immer beschäftigten sich seine Gedanken mit den Worten des Evangeliums.

Da gingen zwei Soldaten vorbei; einer in Kommißstiefeln, der andere in seinen eigenen. Dann kam der Hausbesitzer aus der Nachbarschaft in blanken Galoschen; auch der Bäcker mit seinem Brotkorb kam vorüber: Alle gingen sie vorüber. Auch eine Frau kam an sein Fenster mit wollenen Strümpfen und bäuerlichen Schuhen. Sie wollte zuerst vorübergehen, blieb aber dann doch vor seinem Fenster stehen.

Awdjejitsch schaute durchs Fenster hinaus und sah, daß es eine fremde Frau war – schlecht angezogen – mit

91

einem Kind auf dem Arm. Sie lehnte sich an die Wand, mit dem Rücken gegen den Wind, um das Kind besser zu schützen, aber sie hatte eigentlich nichts Rechtes zum Einwickeln.

Ihr Kleid ist nur leicht und schon sehr abgetragen. Awdjejitsch hörte hinter seinem Fenster, daß das Kind weint und sie es beschwichtigt, aber sie kann es gar nicht beruhigen. Awdjejitsch stand auf, ging zur Tür auf die Treppe hinaus und rief: »Schwesterlein! Liebste!«

Die Frau schaute sich um. »Weshalb stehst du so mit dem Bübchen in der Kälte? Komm doch herein in meine Stube; hier im Warmen kannst du es besser versorgen. Komm herein!«

Die Frau verwunderte sich. Sie sieht, der alte Mann mit der Schürze – eine Brille auf der Nase – ruft sie, und sie folgt ihm. Sie stieg die Treppe hinunter, trat in die Stube ein, und der Alte führte sie ans Bett. »Hier kannst du dich hinsetzen, meine Liebe – näher zum Ofen, wärm dich und still dein Kind.«

»Ich habe keine Milch in den Brüsten, habe seit dem frühen Morgen nichts gegessen«, sagte die Frau, legte aber doch das Kind an die Brust.

Awdjejitsch schüttelte den Kopf, trat an den Tisch, holte das Brot und einen Teller, machte die Ofentür auf, füllte dann den Teller mit Borschtsch und nahm den Topf mit der Grütze; aber die Grütze war noch nicht gar.

Er nahm das Essen und stellte es auf den Tisch, den

er zuvor mit einem Tuch bedeckt hatte. »Setz dich«, sagte er, »iß, meine Liebe – und ich nehme solange das Kind, ich habe ja auch Kinder gehabt und verstehe mit ihnen umzugehen.«

Die Frau bekreuzigte sich, setzte sich an den Tisch und fing an zu essen. Awdjejitsch setzte sich zu dem Kind aufs Bett. Er schmatzte lange mit den Lippen, aber es wollte mit dem zahnlosen Munde nicht recht gehen. Das Kind schrie immer mehr, und Awdjejitsch dachte nun, ihm mit dem Finger etwas vorzumachen. Er hob den Finger auf, führte ihn zum Munde des Kindes und zog ihn wieder zurück. In den Mund gab er ihn nicht, denn der Finger war ganz schwarz von Pech. Das Kind betrachtete den Finger und wurde still – dann lachte es, Awdjejitsch freute sich. Die Frau aber ißt und erzählt, wer sie ist und wohin sie geht.

»Ich bin Soldatenfrau«, sagte sie, »meinen Mann haben sie vor acht Monaten verschickt, und jetzt hört man nichts von ihm. Ich war Köchin, als das Kind geboren wurde. Mit dem Kinde wollte man mich nicht behalten, so bin ich jetzt schon drei Monate ohne Stellung und habe alles, was ich besaß, verzehrt. Ich wollte als Amme gehen, aber man nimmt mich nicht. ›Bist zu mager‹ – sagt man mir. Ich ging dann zu einer Kaufmannsfrau, bei der eine Bekannte von mir diente, sie versprach, mich zu nehmen, und ich glaubte, sie würde mich gleich behalten, aber sie sagte, ich solle in der nächsten Zeit wiederkommen – und sie wohnt so weit.

Ich bin müde geworden auf dem Wege, und auch das Kind ist ermüdet. Ein Glück, daß die Wirtin noch Mitleid hatte und uns um Christi willen wohnen ließ – sonst wüßte ich nicht, wie ich leben sollte.«

Awdjejitsch seufzte und sagte: »Hast auch gar keine warme Kleidung?«

»Wo sollte ich auch warme Kleider herbekommen, mein Lieber? Gestern habe ich mein letztes Tuch für zwanzig Kopeken versetzt.«

Die Frau trat ans Bett, nahm das Kind, und Awdjejitsch ging an die Wand, kramte dort in den Sachen herum und brachte, eine Jacke.

»Da – nimm sie«, sagte er, »wenn sie auch alt ist – aber du hast wenigstens etwas zum Einwickeln.«

Die Frau schaute auf die Jacke – sah dann den Alten an – nahm die Jacke und weinte. Awdjejitsch wandte sich ab, kroch unter das Bett, holte einen Koffer hervor, suchte darin herum und setzte sich wieder zu der Frau. Die Frau sagte: »Christus segne dich, Großvater: Er war es wohl, der mich an dein Fenster führte, sonst wäre mir das Kind gewiß erfroren. Als ich wegging, war es warm, aber jetzt ist es kalt geworden, und er hat wohl auch dir, Väterchen, geheißen, durchs Fenster zu schauen und dich meiner zu erbarmen.«

Awdjejitsch lächelte und sagte: »Ja, er hat es mir befohlen, meine Liebe, ich blicke nie ohne Grund zum Fenster hinaus.«

Und Martyn erzählte der Soldatenfrau seinen Traum,

und wie er die Stimme gehört habe, und daß Christus ihm versprochen habe, heute zu ihm zu kommen.

»Es ist schon alles möglich«, sagte die Frau, stand auf, warf sich die Jacke um, wickelte das Kind hinein und verabschiedete sich, indem sie sich immer wieder bei Awdjejitsch bedankte.

»Nimm es um Christi willen«, sagte Awdjejitsch und gab ihr zwanzig Kopeken, damit sie das Tuch wieder auslösen konnte. Die Frau bekreuzigte sich, auch Martyn bekreuzigte sich und begleitete die Frau hinaus.

Als die Frau weggegangen war, aß Awdjejitsch seinen Borschtsch, räumte dann ab und setzte sich wieder an die Arbeit. Er arbeitete, aber immer dachte er an das Fenster. Sobald ein Schatten am Fenster erscheint, blickt er hinaus, wer vorbeigeht. Es gingen Bekannte vorbei, auch Fremde, aber es fiel ihm nichts Besonderes auf.

Da sah Awdjejitsch plötzlich, daß eine alte Frau, eine Händlerin, vor seinem Fenster stehenblieb. Sie trug einen Korb mit Äpfeln – nur wenige sind übriggeblieben, wahrscheinlich hat sie alles andere verkauft. Über den Rücken trug sie einen Sack mit Spänen, die sie wohl bei einer Baustelle aufgelesen hatte, und eilte nun nach Hause. Der Sack drückte sie, sie wollte ihn auf die andere Schulter legen, ließ ihn herunter und stellte auch den Apfelkorb auf einen Eckstein, dann schüttelte sie die Späne im Sack zurecht. Während sie das tut, läuft ein Junge mit einer zerrissenen Mütze daher, greift – ehe sie sich versieht – in den Apfelkorb und will gerade entwischen.

Die Alte aber drehte sich schnell um und packte den Jungen am Ärmel. Der Junge schlug um sich und wollte sich losreißen, aber die Alte hielt ihn fest, schlug ihm die Mütze vom Kopf und zerzauste ihm die Haare. Der Junge schrie – die Alte fluchte. Awdjejitsch konnte nicht schnell genug seine Ahle wegstecken, er warf sie zu Boden, stürzte zur Tür – stolperte noch auf der Treppe, so daß er seine Brille verlor. Awdjejitsch lief auf die Straße und sah, wie die Alte derweil den Jungen am Schopf packte, ihn schüttelte und dabei fluchte. Sie will ihn zur Polizei bringen. Der Junge aber wehrt sich und streitet alles ab. »Ich habe nichts genommen!« sagte er, »weshalb schlägst du mich?! Laß los!«

Awdjejitsch fing nun an, sie auseinanderzubringen, nahm den Jungen bei der Hand und sagte: »Laß ihn, Großmutter, vergib ihm um Christi willen!«

»Ich werde ihm so verzeihen, daß er bis zu den nächsten Ruten daran denkt! Auf die Polizei werde ich den Spitzbuben bringen!«

Awdjejitsch begann nun die Alte zu bitten: »Laß ihn, Großmutter« – sagte er, »er wird es nicht wieder tun – laß ihn gehen, um Christi willen!«

Die Alte ließ den Jungen los; der wollte weglaufen, aber Awdjejitsch hielt ihn zurück. »Bitte die Großmutter um Verzeihung«, sagte er, »und tu es nie wieder, ich habe es gesehen, wie du einen genommen hast!

Der Junge fing an zu weinen und bat um Verzeihung.

»So ist's gut! Und jetzt nimm hier diesen Apfel.«

Awdjejitsch nahm aus dem Korb einen Apfel und gab ihn dem Jungen. »Ich bezahle ihn dir – Großmutter«, sagte er zu der Alten.

»So verdirbst du diese Taugenichtse«, sagte die Alte, »man müßte ihn so belohnen, daß er eine Woche lang nicht sitzen kann!«

»Ach, Großmutter – Großmutter!« sagte Awdjejitsch, »so ist's wohl nach unserer Meinung, doch nach Gottes Art ist's anders. Wenn du ihn für einen Apfel so züchtigen wolltest, was müßte dann uns nach unseren Sünden geschehen?«

Die Alte schwieg. Und Awdjejitsch erzählte der Alten das Gleichnis, wie jener Herr dem Knecht die ganze Schuld erließ, aber dieser hinging und seinen Schuldner würgte. Die Alte hörte zu – und auch der Knabe lauschte.

»Gott hat uns befohlen«, sagte Awdjejitsch, »allen zu vergeben, sonst wird auch uns nicht vergeben. Allen müssen wir vergeben und erst recht einem Unvernünftigen.«

Die Alte schüttelte den Kopf und seufzte. »Es ist schon richtig so«, sagte sie, »aber sie sind schon gar zu verdorben.«

»So müssen wir, die Alten, sie belehren«, sagte Awdjejitsch.

»So denke ich auch«, meinte die Alte, »ich habe ihrer sieben gehabt, und nur eine Tochter ist mir geblieben.«

Die Alte erzählte nun, wo und wie sie bei ihrer Tochter lebt und wieviel Enkel sie hat. »Meine Kraft ist nur noch schwach«, sagte sie, »und doch arbeite ich immer noch. Die kleinen Enkel tun mir so leid – und es sind auch so gute Kinder. Niemand ist so zu mir wie sie. Eksjutka geht zu keinem sonst – aber wenn sie mich sieht, ruft sie gleich: ›Großmutter, meine liebe Großmutter ›Herzliebste!‹«

Und die Alte wurde ganz gerührt. »Das ist nun mal so Jungenart, soll er in Gottes Namen gehen«, sagte sie zu dem Jungen.

Die Alte wollte gerade den Sack wieder aufnehmen, da kam der Junge herbei und sagte: »Gib her, Großmutter – ich will ihn tragen, ich gehe ja denselben Weg!«

Die Alte schüttelte den Kopf und legte den Sack auf den Jungen. So gingen sie miteinander die Straße entlang. Sie hatte ganz vergessen, von Awdjejitsch das Geld für den Apfel zu nehmen. Awdjejitsch stand und schaute den beiden nach, und er hörte, wie sie miteinander sprachen.

Awdjejitsch begleitete sie mit den Augen und kehrte dann zu sich selbst zurück. Er fand auch die Brille auf den Stufen – sie war nicht zerbrochen. Er hob auch die Ahle auf und setzte sich wieder an seine Arbeit. Er arbeitete nur noch wenig; denn es war inzwischen dunkel geworden, so daß er die Stiche nicht mehr erkennen konnte. Jetzt bemerkte er, wie der Laternenmann vorbeiging, um die Lampen anzuzünden. – Auch ich werde wohl Licht machen müssen – dachte er – brannte die Lampe an, hing sie auf und arbeitete weiter.

So hatte er einen Stiefel ganz fertig – er drehte ihn hin und her und sah, daß er gut war. Dann legte er sein Werkzeug weg, kehrte die Abfälle zusammen, sammelte die Borsten, Drähte und Ahlen, stellte die Lampe auf den Tisch und nahm das Evangelium vom Wandbrett. Er wollte es an der Stelle aufschlagen, wo er gestern ein Stück Saffianleder hineingelegt hatte, aber das Buch öffnete sich an einer anderen Stelle.

Wie nun Awdjejitsch das Evangelium aufschlug, dachte er an seinen gestrigen Traum. Und wie ihm so alles einfiel – hörte er plötzlich ein Geräusch, als wenn sich etwas bewegte und Schritte näher kämen. Awdjejitsch sah sich um und sieht, wie hinten in der dunklen Ecke wirklich einige Menschen stehen – aber er kann nicht erkennen, wer sie sind, und eine Stimme flüsterte ihm ins Ohr: »Martyn, du Martyn! Hast du mich nicht erkannt?« – »Wen?« fragte Martyn. – »Mich«, sagte die Stimme, »ich bin es ja.« Und aus der dunklen Ecke trat Stepanitsch hervor – lächelte und verschwand wie in einer Wolke und war nicht mehr zu sehen.

»Auch das bin ich«, sagte die Stimme. Und aus der dunklen Ecke trat die Frau mit dem Kinde hervor, die Frau lächelte – auch das Büblein lächelte – und beide verschwanden.

»Auch das bin ich«, sagte die Stimme wieder. Die Alte und der Junge mit dem Apfel traten hervor, beide lächelten und verschwanden auch.

Awdjejitsch wurde so froh ums Herz, er bekreuzigte

99

sich, setzte seine Brille auf und fing an, das Evangelium zu lesen, an der Stelle, wo es sich geöffnet hatte. Oben auf der Seite las er: »Ich bin hungrig gewesen, und ihr gabt mir zu essen; ich war durstig, und ihr habt mich getränkt; ich war ein Wanderer, und ihr habt mich aufgenommen.«

Und unten auf derselben Seite las er weiter: »Was ihr einem meiner geringsten Brüder getan habt, das habt ihr mir getan.«

Und Awdjejitsch begriff, dass sein Traum ihn nicht getäuscht hatte, dass wirklich an diesem Tage Christus zu ihm gekommen war und dass er ihn recht empfangen hatte.

MAXIM GORKI

Weihnachtsphantome

Meine Weihnachtserzählung war beendet. Ich warf die Feder hin, erhob mich vom Schreibtisch und schritt im Zimmer auf und ab.

Es war Nacht, und draußen wirbelte der Schneesturm durch die Luft. Seltsame Laute erreichten mein Ohr wie von leisem Flüstern oder Seufzen; sie drangen von der Straße her durch die Wände meiner kleinen Kammer, die zu drei Vierteln von dunklen Schatten eingehüllt wurde. Es war der Schnee, den der Wind an die Mauern preßte und gegen die Fensterscheiben peitschte. Ein leichter, weißer, unerkennbarer Gegenstand flog an meinem Fenster vorbei und verschwand, einen kalten Schauder in meiner Seele zurücklassend.

Ich trat zum Fenster, blickte auf die Straße hinaus und legte meinen Kopf, der von der mühsamen Anspannung der Einbildungskraft erhitzt war, an die kühle Scheibe. Die Straße lag in verlassener Stille. Ab und zu riß der Wind durchsichtige Schneewölkchen vom Pflaster und ließ sie wie zarte weiße Schleier durch die Luft fliegen. Gegenüber meinem Fenster brannte eine Laterne. Ihre Flamme zitterte und flackerte im heftigen Kampf mit dem

Wind. Der Lichtschein warf sich wie ein breites Schwert in die Luft, und der Schnee, der vom Dach des Hauses in diesen Lichtstreifen geweht wurde, glühte für einen Augenblick wie ein schillerndes Funkengewand auf. Das Herz wurde mir traurig und kalt, als ich diesem Spiel des Windes zusah. Ich entkleidete mich schnell, blies die Lampe aus und legte mich zum Schlafen nieder.

Als das Licht gelöscht war und Dunkelheit mein Zimmer erfüllte, wurden die Geräusche vernehmbarer, und das Fenster starrte mich wie ein großer weißer Fleck an. Das unablässige Ticken der Uhr bezeichnete das Vergehen der Sekunden. Bisweilen wurde ihr flinkes Vorstürmen vom Surren und Knirschen des Schnees übertönt, doch bald vernahm ich wieder den leisen Schlag der Sekunden, die der Ewigkeit anheimfielen. Mitunter war ihr Geräusch so deutlich und genau, als ob die Uhr in meinem Schädel stünde.

Ich lag im Bett und dachte an die soeben vollendete Geschichte und überlegte, ob sie mir wohl Erfolg einbringen würde. Diese Geschichte handelte von zwei Bettlern, einem blinden Greis und seiner Frau, die in stiller, scheuer Zurückgezogenheit ihren Lebensweg gingen, der ihnen nur Ängste und Demütigungen bot. Am Morgen vor Weihnachten hatten sie ihr Dorf verlassen, um im Nachbarort Almosen zu sammeln, damit sie tags darauf die Geburt Christi auf festliche Weise feiern könnten. Sie wollten das nächste Dorf aufsuchen und zum frühen Gottesdienst zurück sein, die Säcke voller Krumen, die man ihnen um Christi willen gespendet hatte.

Ihre Hoffnungen (so ging meine Erzählung weiter) erfüllten sich natürlich nicht. Sie erhielten nur karge Gaben, und es war schon sehr spät, als die beiden, ermattet von des Tages Mühen, endlich beschlossen, zu ihrer kalten, verlassenen Lehmhütte zurückzukehren. Mit ihrer leichten Bürde auf den Schultern und mit schwerem Kummer im Herzen schleppten sie sich über die schneebedeckte Ebene; die alte Frau ging voran, und der alte Mann, der sich an ihrem Gürtel festhielt, folgte ihr. Es war eine dunkle Nacht, Wolken bedeckten den Himmel, und für zwei bejahrte Menschen war der Weg zum Dorf immer noch sehr lang. Ihre Füße sanken im Schnee ein, und der Wind wirbelte ihn auf und wehte ihn ihnen ins Gesicht. Stumm und vor Kälte zitternd, stapften sie weiter und weiter. Müde und vom Schnee geblendet, war die Alte vom Weg abgeirrt, und sie wanderten nun ziellos quer durchs Tal aufs offene Feld hinaus.

»Sind wir bald zu Hause? Achte darauf, daß wir die Frühmesse nicht versäumen«, murmelte der Blinde hinter den müden Schultern seiner Frau.

Sie sagte, sie wären bald zu Hause, und ein neuer Kälteschauder rann durch ihren Leib. Sie wußte, daß sie den Weg verloren hatte, aber sie getraute sich nicht, es ihrem Mann zu sagen. Manchmal schien es ihr, als trüge der Wind Hundegebell an ihre Ohren, und sie schlug die Richtung ein, aus der diese Laute kamen; bald aber vernahm sie das Bellen von der anderen Seite.

Schließlich verließen die Kräfte sie, und sie sagte zu dem Alten: »Vergib mir, Väterchen, vergib mir um Christi willen. Ich bin vom Weg abgeirrt und kann nicht mehr weiter. Ich muß mich niedersetzen.«

»Du wirst erfrieren«, entgegnete er.

»Laß mich nur ein Weilchen ausruhen. Und selbst wenn wir erfrieren, was macht es? Unser Leben auf dieser Erde ist gewiß nicht süß.«

Der Alte seufzte tief und willigte ein. Sie ließen sich im Schnee nieder, einer mit dem Rücken zum andern, und sie sahen aus wie zwei Lumpenbündel – dem Wind zum Spiele. Er trieb Schneewolken gegen sie, bedeckte sie mit scharfen, spitzen Kristallen, und die Alte, die leichter gekleidet war als ihr Mann, fühlte sich gar bald in der Umarmung einer seltenen, köstlichen Wärme.

»Mütterchen«, rief der Blinde, der vor Kälte zitterte, »steh auf, wir müssen weiter!«

Aber sie war eingeschlummert und murmelte im Schlaf nur halbverständliche Worte. Er wollte sie aufrichten, doch es fehlte ihm die Kraft.

»Du wirst erfrieren!« schrie er, und dann rief er über das offene Feld laut um Hilfe.

Aber sie fühlte sich so warm, so gemütlich! Nach einigen vergeblichen Bemühungen setzte sich der Blinde in dumpfer Verzweiflung wieder im Schnee hin. Er war jetzt fest überzeugt, daß alles, was ihm widerfuhr, der ausdrückliche Wille Gottes wäre und daß es für ihn und seine betagte Frau kein Entrinnen gäbe. Der Wind wirbelte und tanzte in ausgelassener Fröhlichkeit um sie herum, bestreute sie lustig mit Schnee und trieb ein vergnügtes Spiel mit den Kleiderfetzen, die ihre alten Glieder bedeckten, welche vom langen Dasein in Not und Armut müde waren. Auch den Alten überkam jetzt ein Gefühl köstlich tröstender Wärme.

Auf einmal wehte der Wind liebliches, feierliches, melodisches Glockengeläut an seine Ohren. »Mütterchen!« rief er und fuhr auf. »Es wird zur Messe geläutet. Schnell, laß uns gehen!«

Aber sie war schon dorthin gegangen, von wo es keine Rückkehr mehr gibt. »Hörst du? Es läutet, sage ich dir. Steh auf! Ach, wir werden zu spät kommen!«

Er wollte sich erheben, stellte jedoch fest, daß er sich nicht zu bewegen vermochte. Da begriff er, daß ein Ende nahe war, und er betete leise: »Herr, sei der Seele deiner Diener gnädig. Vergib uns, o Herr! Wir haben beide gesündigt. Habe Erbarmen mit uns!«

Da dünkte es ihn, daß über das Feld ein strahlender Tempel Gottes, eingehüllt in eine hellfunkelnde Schneewolke, auf ihn zuschwebte – ein kostbarer, wundersamer Tempel. Er bestand ganz aus flammenden Menschenherzen und ähnelte selbst einem Herzen, und mitten darin stand Christus in eigener Person auf einem Piedestal. Bei dieser Vision erhob sich der Alte und fiel vor der Schwelle des Tempels auf die Knie. Er gewann sein Augenlicht wieder und gewahrte den Heiland und Erlöser. Und von seinem erhöhten Standort aus sprach Christus mit holder, wohllautender Stimme: »Herzen, die in Mitleid erglühen, sind die Gründer meines Tempels. Tritt ein in meinen Tempel, du, der du im Leben nach Mitleid gedürstet, du, der du Elend und Erniedrigung erlitten hast, gehe ein in deinen ewigen Frieden!«

»O Herr«, sagte der Alte, dem das Augenlicht wiedergegeben war, und weinte vor Freude, »du bist es wahrlich, o Herr!«

Und Christus lächelte gütig auf den alten Mann hinunter und auf seine Lebensgefährtin, die durch das Lächeln des Heilands wieder zum Leben erwacht war. Und so erfroren die beiden Bettler draußen in dem offenen schneebedeckten Feld.

Ich rief mir die verschiedenen Einzelheiten der Erzählung ins Gedächtnis zurück und fragte mich, ob sie mir wohl so gut und rührend geraten war, daß sie beim Leser Mitleid erregte. Es schien mir, ich könnte die Frage bejahend beantworten; denn ich glaubte, daß die Geschichte die gewünschte Wirkung unbedingt erzielen würde.

Mit diesem Gedanken schlief ich ein, recht zufrieden mit mir selbst. Die Uhr tickte weiter, und ich hörte im Schlaf das immer heftiger werdende Jagen und Brausen des Schneesturmes. Die Laterne wurde ausgeblasen. Immerzu brachte der Sturm draußen neue Geräusche hervor. Die Fensterläden klapperten. Die Zweige der Bäume neben der Tür klopften an die Metallplatte des Daches.

Es seufzte, stöhnte, heulte, brauste und pfiff, und all dies vereinte sich bald zu einer schwermütigen Melodie, die das Herz mit Traurigkeit erfüllte, bald zu einer leisen, weichen Weise gleich einem Wiegenlied. Es hatte die Wirkung einer phantastischen Geschichte, von der die Seele wie in Bann gehalten wurde.

Plötzlich aber – was war denn das? Der schwache Fleck des Fensters entflammte in bläulichem, phosphoreszierendem Licht, und das Fenster wurde immer größer, bis es die ganze Ausdehnung der Wand einnahm. In dem blauen Licht, das den Raum erfüllte, erschien auf einmal eine dichte weiße Wolke, in der Funken aufglühten wie von zahllosen Augen. Wie vom Winde umhergewirbelt, drehte und kreiselte die Wolke, begann sich aufzulösen, wurde immer durchsichtiger, zerbrach in winzige Stückchen und verströmte in meinen Körper eisige Kälte, die mir angst machte. Etwas wie unzufriedenes, zorniges Gemurmel drang aus den Wolkenfetzen, die immer deutlicher Form gewannen und eine meinen Augen vertraute Gestalt annahmen. Dahinter im Winkel gewahrte ich eine Kinderschar, vielmehr die Schatten von Kindern, und hinter ihnen tauchte neben mehreren weiblichen Gestalten ein graubärtiger alter Mann auf.

»Woher kommen diese Schatten? Was wollen sie?« Das waren die Fragen, die mir durch den Kopf gingen, während ich diese seltsame Erscheinung erschrocken betrachtete.

»Woher wir kommen und von wannen wir sind?«

antwortete eine strenge, ernste Stimme feierlich. »Kennst du uns nicht? Denk einmal nach!«

Stumm schüttelte ich den Kopf. Ich kannte sie nicht. In rhythmischer Bewegung schwebten sie durch die Luft, als ob sie zu den Klängen des Sturmes einen feierlichen Tanz vollführten. Halb durchsichtig, kaum erkennbar in ihren Umrissen, schwankten sie leicht und lautlos rings um mich, und plötzlich erkannte ich in ihrer Mitte den blinden Greis, der sich am Gürtel seiner bejahrten Frau festhielt. Tiefgebeugt humpelten sie an mir vorbei, mit vorwurfsvollem Blick die Augen auf mich richtend.

»Erkennst du sie jetzt?« fragte dieselbe ernste Stimme.

Ich wußte nicht, war es die Stimme des Sturmes oder die Stimme meines Gewissens; aber sie hatte einen befehlenden Ton, der keinen Widerspruch duldete.

»Ja, das sind sie«, fuhr die Stimme fort, »die traurigen Helden deiner erfolgreichen Geschichte. Und auch alle anderen sind Helden deiner Weihnachtsgeschichten – Kinder, Männer und Frauen, die du zum Vergnügen des Publikums erfrieren ließest. Schau, wie viele es sind und wie jämmerlich sie aussehen, die Ausgeburten deiner Phantasie!«

Eine Bewegung ging durch die schwankenden Gestalten, und zwei Kinder, ein Knabe und ein Mädchen, erschienen im Vordergrund. Sie sahen aus wie zwei Schneeblumen oder wie die Mondscheibe.

»Diese Kinder«, sprach die Stimme, »hast du unter

dem Fenster jenes wohlhabenden Hauses, in dem der strahlende Christbaum brannte, erfrieren lassen. Sie betrachteten den Baum – erinnerst du dich? – und sie erfroren.«

Lautlos schwebten meine armen kleinen Helden an mir vorbei und verschwanden. Sie schienen sich in dem blauen, nebelhaften Licht aufzulösen. An ihrer Stelle erstand ein Weib mit kummervollem, abgezehrtem Gesicht.

»Dies ist die arme Frau, die am Weihnachtsabend heimeilte in ihr Dorf, um ihren Kindern ein paar billige Weihnachtsgeschenke zu bringen. Auch sie hast du erfrieren lassen.«

Voller Scham und Furcht starrte ich die schattenhafte Frau an. Sie verschwand gleichfalls, und neue Gestalten tauchten abwechselnd auf. Es waren lauter traurige, stumme Phantome mit einem Ausdruck unbeschreiblicher Wehmut im düsteren Blick.

Und wieder hörte ich die ernste Stimme mit verhaltener Betonung sprechen: »Warum hast du diese Geschichten geschrieben? Gibt es nicht genug wirkliches, faßbares und sichtbares Elend in der Welt, daß du noch mehr Not und Kummer erfinden mußt und deine Einbildungskraft bemühen, um Bilder von aufrührender, realistischer Wirkung zu malen? Willst du die Menschen aller Lebensfreude berauben, willst du ihnen den letzten Tropfen des Glaubens an das Gute nehmen, indem du nur Böses schilderst? Warum läßt du in deinen Weihnachtserzählungen Jahr für Jahr Kinder oder Erwachsene erfrieren? Warum? Was bezweckst du?«

Ich war bestürzt über diese merkwürdige Anklage. Jeder schreibt Weihnachtsgeschichten nach dem gleichen Schema. Man nimmt einen armen Knaben oder ein armes Mädchen oder etwas Ähnliches und läßt sie irgendwo unter einem Fenster erfrieren, hinter dem gewöhnlich ein Christbaum steht, der seinen Strahlenglanz auf sie wirft. Das ist Mode geworden, und ich folgte der Mode.

In diesem Sinne antwortete ich. »Wenn ich diese Menschen erfrieren lasse«, sagte ich, »tue ich es zum denkbar besten Zweck. Indem ich ihren Todeskampf schildere, wecke ich im Publikum menschliche Gefühle für diese Unglücklichen. Ich möchte die Herzen meiner Leser rühren, weiter nichts.«

Eine seltsame Bewegung lief durch die Menge der Phantome, als ob sie spöttischen Widerspruch gegen meine Worte erheben wollten. »Siehst du, wie sie lachen?« fragte die geheimnisvolle Stimme.

»Warum lachen sie?« gab ich kaum hörbar zurück.

»Weil du so töricht redest. Du willst durch deine Schilderungen erdachten Elends in den Herzen der Menschen edle Gefühle hervorrufen, während wirkliches Elend und Leid für sie nichts anderes ist als ein alltägliches Schauspiel. Bedenke, seit wie langer Zeit schon manche bestrebt waren, in den Herzen der Menschen edle Gefühle zu wecken, überlege, wie viele Männer ihre Begabung für diesen Zweck eingesetzt haben, und dann wirf einen Blick auf das wirkliche Leben! Narr, der du bist! Wenn die Wirklichkeit sie nicht rührt und wenn ihr Empfinden durch die grausame, erbarmungslose Not und durch den bodenlosen Abgrund tatsächlicher Bosheit nicht beleidigt wird, wie kannst du dann hoffen, daß die Erzeugnisse deiner Einbildungskraft sie bessern würden? Glaubst du wirklich, du könntest das Herz eines Menschen rühren, indem du ihm von einem erfrorenen Kind erzählst? Das Meer des Elends brandet gegen den Damm der Herzlosigkeit, es tobt und braust dagegen an, und du willst es beschwichtigen, indem du ein paar Erbsen hineinwirfst!

Die Phantome begleiteten diese Worte mit ihrem stummen Lachen, und der Sturm stieß ein schrilles Hohngelächter aus; aber die Stimme sprach unaufhörlich weiter. Jedes Wort, das sie sagte, wurde mir wie ein Nagel ins Hirn getrieben. Es war unerträglich, und ich konnte es nicht länger aushalten.

»Das ist alles Lüge, Lüge!« schrie ich in höchstem Zorn. Als ich aus dem Bett sprang, fiel ich kopfüber in die Dunkelheit, und immer rascher und immer tiefer sank ich in den klaffenden Abgrund, der sich plötzlich vor mir auftat. Das Pfeifen, Heulen, Brausen und Lachen folgte mir hinab; die Phantome jagten mich durch das Dunkel, grinsten mir ins Gesicht und verhöhnten mich.

Am Morgen erwachte ich mit heftigen Kopfschmerzen und in sehr schlechter Stimmung. Als erstes las ich meine Geschichte von dem blinden Bettler und seiner

Frau nochmals durch, und dann zerriß ich das Manu-
skript in kleine Fetzen.

IWAN BUNIN

Weihnachtstage

In den Weihnachtstagen kam Iwanuschka aus Basowo sehr häufig zu Kusma. Das war ein Bauer von altem Schlage, den die vielen Jahre um den Verstand gebracht hatten. Einst ein stämmiger Kerl, der für seine Bärenkräfte berühmt war, ging er jetzt ganz krumm, die Fußspitzen einwärts gerichtet, den braunen, zottigen Kopf nie hebend. Im Cholerajahr 1892 war seine ganze, sehr zahlreiche Familie gestorben. Nur ein Sohn, der damals Soldat gewesen, war am Leben geblieben und lebte jetzt als Bahnwärter nicht weit von Durnowka. Der Vater hätte gut bei ihm wohnen können, aber er zog es vor, zu wandern und zu betteln. Er watschelte über den Hof, Stock und Mütze in der linken Hand, den Sack in der rechten, mit bloßem Kopf, auf dem der weiße Schnee lag – und seltsamerweise bellten die Hunde ihn nicht an. Er trat ins Haus, murmelte: »Gott segne dieses Haus und seinen Herrn« – und setzte sich auf den Fußboden an der Wand.

Kusma sah von seinem Buch auf und betrachtete ihn über den Kneifer hinweg, erstaunt und ängstlich wie ein Steppentier, das nicht ins Zimmer hineingehört. Schweigend, mit gesenkten Wimpern, leicht und freundlich lächelnd, mit weichen Schritten erschien die junge Frau, reichte Iwanuschka eine Schüssel mit gekochten Kartoffeln und einen großen Knust Brot, so dick mit Salz bestreut, daß er ganz grau aussah. Dann blieb sie am Türpfosten gelehnt stehen. Sie hatte Bastschuhe an, ihre Schultern waren breit und kräftig, und ihr hübsches, etwas welkes Gesicht wirkte so bäurisch schlicht und altertümlich, daß sie den Iwanuschka, so schien es, gar nicht anders als mit »Großvater« anreden konnte. Und tatsächlich sagte sie lächelnd – sie lächelte nur ihn an – mit gedämpfter Stimme: »Laß dir's schmecken, Großvater.«

Ohne den Kopf zu heben, nur an der Stimme ihre freundliche Gesinnung erkennend, gab er ein leises Grunzen zur Antwort; mitunter murmelte er auch: »Gott vergelt's, Enkelchen.« Dann bekreuzigte er sich, ungeschickt den Arm wie eine Tatze weit ausstreckend, und begann gierig zu essen. Der Schnee auf seinem dicht behaarten Kopf schmolz langsam; von den Bastschuhen rieselten Wasserbächlein über den Fußboden. Der abgetragene braune Leibrock über dem schmutzigen hanfenen Hemd roch nach Rauch. Die von der langen Arbeit verunstalteten Hände, die knorpeligen, steifen Finger hatten Mühe, die Kartoffeln zu greifen.

»Ist wohl kalt in dem dünnen Leibrock?« fragte Kusma laut.

»Wie?« erwiderte Iwanuschka schwach grunzend

und legte die Hand an das hinter dem dichten Haar versteckte Ohr.

»Kalt ist's wohl?«

Iwanuschka dachte nach.

»Wieso kalt?« antwortete er langsam. »Es ist gar nicht
kalt. In früheren Zeiten war es viel kälter.«

»Heb doch den Kopf, streich doch das Haar glatt.«

Iwanuschka schüttelte langsam den Kopf.

»Jetzt läßt er sich nicht mehr heben, Bruder. Es zieht
ihn zur Erde.«

Und mit mattem Lächeln bemühte er sich, sein furcht-
bares, ganz behaartes Gesicht, die winzigen, zusammen-
gekniffenen Äuglein zu heben.

Wenn er sich satt gegessen hatte, seufzte er, bekreuzigte sich, las die Krümchen von seinen Knien zusammen
und steckte sie in den Mund. Dann griff er nach rechts
und links auf der Suche nach seinen Sachen: Sack, Stock
und Mütze. Wenn er alles gefunden und sich beruhigt
hatte, begann er ein langsames Gespräch. Er konnte den
ganzen Tag schweigend dasitzen, aber Kusma und die
junge Frau fragten ihn aus, und er antwortete wie im
Traum, wie aus weiter Ferne. Er erzählte in seiner schwer-
fälligen altertümlichen Sprache, daß der Zar von Kopf bis
Fuß in Gold stecke, daß er keinen Fisch essen könne, »er
sei gar zu salzig«; daß der Prophet Elias eines Tages durch
das Himmelsgewölbe durchgebrochen und auf die Erde
gefallen sei, weil er »gar zu schwer gewesen«; daß Johannes der Täufer mit einem zottigen Fell wie ein Hammel

geboren worden sei, daß er, wenn er die Leute taufte, den Täufling mit einem eisernen Stab auf den Kopf schlug, damit er »zu sich komme«; daß jedes Pferd am Tage der heiligen Florus und Laurus darauf ausgehe, einen Menschen zu töten … Er erzählte, in der alten Zeit hätte der Roggen so dicht gestanden, daß eine Ringelnatter sich nicht zwischen den Halmen hätte durchwinden können; daß früher bei der Ernte jeder Mann täglich zwei Desjatinen abmähte; daß er einen Wallach gehabt habe, der an die Kette gelegt werden mußte, so stark und wild sei er gewesen; daß man ihm, dem Iwanuschka, vor sechzig Jahren ein Krummholz gestohlen habe, das er auch für zwei Rubel nicht verkauft hätte … Er war fest überzeugt, daß seine Familie nicht an der Cholera gestorben sei, sondern weil sie nach dem Brand in das neue Haus gezogen sei und darin geschlafen habe, ohne zuerst den Hahn dort übernachten zu lassen. Er und sein Sohn wären nur zufällig am Leben geblieben: Sie hätten im Speicher geschlafen … Gegen Abend erhob sich Iwanuschka und ging fort, mochte das Wetter noch so schlecht sein. Er war nicht zu bewegen, über Nacht zu bleiben … So zog er sich eine schwere Erkältung zu und starb um Epiphanias im Bahnwärterhäuschen seines Sohnes. Der Sohn redete ihm zu, das Abendmahl zu nehmen. Iwanuschka weigerte sich hartnäckig. Er sagte, wenn man das Sakrament empfangen habe, müsse man sterben, er sei aber fest entschlossen, dem Tod nicht nachzugeben. Tagelang lag er bewußtlos da, aber noch in seinen Fieberphantasien bat er die Schwiegertochter zu sagen, er sei nicht zu Hause, wenn der Tod an die Tür klopfen sollte. Nachts kam er einmal zu sich, raffte sich auf, kletterte vom Ofen herunter und kniete nieder vor dem Heiligenbild mit dem brennenden Lämpchen. Er seufzte schwer, murmelte lange vor sich hin, wiederholte mehrmals: »Herrgott, himmlischer Vater, vergib mir meine Sünden …« Dann versank er in Nachdenken, schwieg lange, den Kopf auf den Fußboden gedrückt. Plötzlich stand er auf und sagte mit fester Stimme: »Nein, ich gebe nicht nach!« Am Morgen aber sah er, daß die Schwiegertochter Kuchenteig einrührte und den Ofen stark heizte.

»Wohl zu meinem Begräbnis?« fragte er mit zitternder Stimme.

Die Schwiegertochter gab keine Antwort. Er riß sich wieder zusammen, kletterte vom Ofen, ging in den Flur hinaus: richtig, an die Wand gelehnt, stand da ein riesiger lila Sarg mit weißen, achtendigen Kreuzen! Da erinnerte er sich, wie es vor dreißig Jahren seinem Nachbarn, dem alten Lukian, gegangen war. Der war auch schwer erkrankt, man kaufte ihm einen Sarg, auch einen schönen, teuren Sarg, brachte Mehl, Schnaps, Fisch aus der Stadt – Lukian aber spielte den Leuten einen Possen und wurde gesund. Wohin nun mit dem Sarg? Wie die Ausgaben wieder einbringen? Wohl fünf Jahre machten sie nachher dem Lukian das Leben sauer mit ihren Klagen und Vorwürfen … Iwanuschka stellte sich das alles vor, ließ traurig den Kopf sinken und ging demütig in die Stube zurück. Und

nachts, als er bewußtlos auf dem Rücken lag, fing er plötzlich mit zitternder, kläglicher Stimme zu singen an, immer
leiser und leiser – und plötzlich begannen seine Knie heftig zu zittern, er ächzte und schluckte, die Brust hob sich
noch einmal zu einem schweren Röcheln, und dann lag
er, Schaum auf den geöffneten Lippen, starr da.

Fast einen ganzen Monat mußte Kusma Iwanuschkas
wegen im Bett liegen. Am Morgen des Epiphaniastages
erzählte man, die Vögel erfrören im Fluge, und Kusma
hatte nicht einmal Filzstiefel. Und doch fuhr er hinaus,
den Toten zu sehen. Dessen Hände, gefaltet und erstarrt
auf der mächtigen Brust über dem sauberen Hemde, ver-
unstaltet durch warzige Schwielen in achtzig Jahren pri-
mitiv-schwerer Arbeit, sahen so ungeschlacht und unheimlich aus, daß Kusma sich sofort abwandte. Das
wirre Haar, das tote Tiergesicht Iwanuschkas aber wagte
er nicht einmal von der Seite anzusehen; er warf schnell
das weiße Leintuch drüber. Um sich zu wärmen, trank er
Schnaps und saß eine Zeitlang vor dem heißglühenden
Ofen. Im Bahnwärterhaus war es warm und festtäglich
sauber, zu Häupten des mit einem Leintuch zugedeckten
breiten violetten Sarges flackerte das goldige Flämmchen
einer Wachskerze, die vor das dunkle Heiligenbild in der
Ecke gesetzt war, und strahlte in hellen Farben ein Bunt-
druck: Josef wird von seinen Brüdern verkauft. Die
freundliche Bahnwärtersfrau hob mit Leichtigkeit die
schweren Kessel auf und schob sie in den Ofen, erzählte
vergnügt, daß sie das Brennholz vom Staat bekämen und

bat den Besuch, bis zur Rückkehr ihres Mannes aus dem Dorf zu bleiben. Aber Kusma wurde vom Fieber geschüttelt, sein Gesicht brannte, der Schnaps, der wie ein Gift den durchgefrorenen Körper durchströmte, trieb ihm grundlose Tränen in die Augen. Und ohne sich richtig erwärmt zu haben, fuhr Kusma über die weißen, harten Wellen der Felder zu Tichon Iljitsch. Der ganz bereifte, weißlockige Wallach griff tüchtig aus; er schnaufte und blies Schwaden grauen Dampfes aus seinen Nüstern; der Schlitten knarrte und kreischte hell mit seinen eisernen Beschlägen über dem harten Schnee; tief stand hinten, von Frostringen umgeben, die gelbe Sonne; von vorne, von Norden, kam ein glühender, atemberaubender Wind; die Wegezeichen bogen sich, mit dichtem, flockigem Reif behangen, und große, graue Ammern flogen in Scharen vor dem Wallach her, verteilten sich über die glatte Straße, pickten den gefrorenen Mist, flogen auf und zerstreuten sich wieder. Kusma schaute ihnen durch seine schweren weißen Wimpern nach; er fühlte, daß sein erstarrtes Gesicht mit dem weißen Gekräusel des Bartes einer Weihnachtsmaske ähnlich sehen mußte … Die Sonne sank, die Schneewellen nahmen im orangefarbenen Licht eine tote, grünliche Färbung an, von ihren Kämmen und Zacken zogen sich blaue Schatten … Kusma zog die Zügel an, wendete schroff um und trieb das Pferd zurück, nach Hause. Die Sonne war untergegangen, in dem Hause mit den verschneiten grauen Fenstern schimmerte ein mattes Licht, rundherum lag graue Dämmerung, es war ungemütlich und kalt. Der Dompfaff, der im Käfig am Fenster zum Garten gehangen hatte, war tot, er lag da mit den Füßen nach oben mit aufgeplustertem Gefieder, den roten Schnabel geöffnet.

»Fertig!« sagte Kusma und trug den Vogel hinaus.

Das im gefrorenen Schnee versunkene Durnowka, das an diesem traurigen Abend im Steppenwinter so weit ab von aller Welt schien, erfüllte ihn plötzlich mit Entsetzen. Aus! Sein heißer Kopf war schwer und wirr, gleich würde er sich zu Bett legen und nicht mehr aufstehen. Da kam die junge Frau mit einem Eimer auf das Haus zu. Der Schnee knarrte unter ihren Bastschuhen.

»Ich bin krank, Duniuschka«, sagte Kusma freundlich, in der Hoffnung, auch von ihr ein freundliches Wort zu hören.

Aber die junge Frau antwortete gleichgültig und trokken: »Soll ich den Samowar aufstellen?«

Sie fragte nicht, was ihm fehle, fragte auch nicht nach Iwanuschka. Kusma ging ins dunkle Zimmer zurück und legte sich aufs Sofa; er zitterte am ganzen Leibe und fragte sich mit Entsetzen, was das bedeute und wo er jetzt seine Notdurft verrichten solle … Und dann flossen Abende und Nächte, Nächte und Tage zusammen; er konnte sie nicht mehr auseinanderhalten.

In der ersten Nacht, gegen drei Uhr, kam er zu sich und klopfte mit der Faust an die Wand; er wollte um Wasser bitten. Im Fiebertraum quälten ihn der Durst und der Gedanke, ob man den toten Dompfaff auf den Kehrichthaufen geworfen hatte. Aber auf sein Klopfen meldete sich niemand. Die junge Frau war ins Gesindehaus schlafen gegangen. Kusma besann sich, daß er schwerkrank sei, und ihn ergriff ein verzweifeltes Gefühl, als wäre er in einem Grabgewölbe erwacht. Also, das nach Schnee, Stroh und Lederzeug riechende Vorzimmer war leer! Also war er, der hilflose Kranke, ganz allein in diesem dunklen eisigen Häuschen mit den mattschimmernden grauen Fenstern in der Totenstille. In der endlosen Winternacht, allein mit dem leeren Vogelkäfig.

»Herr, hilf mir, Herr, erbarme dich, Herr, hilf mir irgendwie«, flüsterte er, sich aufrichtend und mit den zitternden Händen in seinen Taschen wühlend.

Er wollte ein Streichholz anzünden. Aber sein Flüstern war fieberhaft, in dem glühenden Kopf rauschte und klirrte es, Hände und Füße waren eisig kalt ... Seine Tochter Klascha kam, riß die Tür auf, schob ein Kissen unter seinen Kopf, setzte sich auf einen Stuhl neben den Diwan ... Sie war wie eine feine junge Dame gekleidet: Sammetpelz, Mütze und Muff aus weißem Fell; ihre Hände rochen nach Parfüm, die Augen blitzten, die Wangen waren von der kalten Luft gerötet. »Ach, wie gut hat sich alles gelöst!« flüsterte jemand. Aber es war nicht gut, daß Klascha kein Licht gemacht hatte, daß sie nicht zu ihm, sondern zum Begräbnis des alten Iwanuschka gekommen war ... daß sie plötzlich in tiefem Baß zur Gitarre zu singen begann: »Chas-Bulat, du wackerer Held.«

In der Verzweiflung, die in den ersten Tagen seiner

Krankheit seine Seele vergiftete, phantasierte Kusma vom Dompfaff, von Klascha, von Woronesch, aber selbst in den Fieberphantasien verließ ihn der Gedanke nicht, er müsse jemand sagen, daß man wenigstens Mitleid haben möge und ihn nicht in Kolodesi begrabe. Aber, großer Gott, war es nicht Wahnsinn, in Durnowka auf Mitleid zu rechnen?

Weihnachtsfeier bei Swentizkijs

In diesem Winter schrieb Jura an seiner wissenschaftlichen Arbeit über das Nervensystem der Netzhaut. Diese Arbeit – ein Preisausschreiben – wurde von der Universität mit einer goldenen Medaille ausgezeichnet. Obwohl Jura gerade sein Schlußexamen in allgemeiner Therapie machte, kannte er sich doch im Auge mit der Exaktheit eines künftigen Ophthalmologen aus.

Dieses Interesse für die Physiologie des Sehens offenbarte eine andere Seite seiner Natur – seine schöpferischen Anlagen und seine Gedanken über das Wesen des Kunstwerkes und über den Aufbau einer logischen Idee.

Tonja und Jura fuhren in einem Mietschlitten zur Weihnachtsfeier bei Swentizkijs. Beide waren sechs Jahre lang miteinander aufgewachsen bis zum Ende der Kindheit. Sie kannten einander bis ins kleinste. Sie hatten gemeinsame Gewohnheiten – ihre eigene Manier, kurze, witzige Bemerkungen zu machen und abrupt in Gelächter auszubrechen, statt Antwort zu geben. So fuhren sie auch jetzt wieder, Seite an Seite, schwiegen, hielten die Lippen wegen der Kälte aufeinandergepreßt oder tauschten ganz kurze Bemerkungen aus. Jeder hing seinen eigenen Gedanken nach.

Jura dachte daran, daß die Termine der Schlußprüfung näher rückten und er sich mit der Arbeit beeilen müsse; er dachte auch an das feiertägliche Getriebe des seinem Ende entgegengehenden Jahres, das sich schon auf der Straße bemerkbar machte.

In Gordons Fakultät wurde eine hektographierte Studentenzeitung herausgegeben, deren Schriftleiter eben Gordon war. Jura hatte ihm schon längst einen Aufsatz über Block versprochen. Die ganze Jugend beider Hauptstädte träumte nur noch von Block, und Jura und Mischa mehr als die anderen.

Aber auch diese Gedanken hafteten nicht lange in seinem Bewußtsein. Die jungen Leute hatten beim Schlittenfahren das Kinn tief in die Mantelkragen geschoben, sie rieben die frierenden Ohren. Ihre Gedanken gingen verschiedene Wege, aber in einem Punkt trafen sie zusammen.

Der letzte Besuch bei Anna Iwanowna hatte beide gleichsam neu geboren. Sie waren sehend geworden und blickten einander mit anderen Augen an.

Tonja, die alte Studiengenossin, die bisher eine so selbstverständliche, keiner Erklärung bedürfende Tatsache gewesen war, erschien nun mit einem Male als das Komplizierteste und Unerreichbarste von allem, was sich Jura denken konnte. Bei einiger Anstrengung der Phantasie konnte sich Jura vorstellen, daß er auf dem Gipfel des Ararat stehe, ein Held, ein Prophet, ein Sieger sei, alles, was man wollte – nur nicht eine Frau. Und diese schwierigste, kaum zu bewältigende Aufgabe hatte Tonja auf ihre schmächtigen Schultern genommen. (Von diesem Augenblick an schien sie Jura schmächtig und schwach zu sein, obwohl sie ein kerngesundes Mädchen war.) Plötzlich fühlte sich Jura von jenem warmen Mitgefühl und schüchternen Staunen ergriffen, das am Anfang jeder Liebesleidenschaft steht. Ähnliche Gefühle, in entsprechender Abwandlung, bewegten auch Tonja, wenn sie Jura ansah.

Jura hielt es für falsch, daß sie von zu Hause fortgefahren waren. In ihrer Abwesenheit konnte sich irgend etwas ereignen. Und da fiel es ihm wieder ein: Nachdem sie erfahren hatten, daß es Anna Iwanowna schlechter ging, waren sie, die sich schon zum Ausgehen fertiggemacht hatten, bei ihr erschienen und hatten den Vorschlag gemacht, bei ihr zu bleiben. Sie hatte sich mit der gleichen Schärfe wie früher widersetzt und verlangt, sie sollten zur Weihnachtsfeier fahren. Jura und Tonja hatten dann in einer tiefen Fensternische hinter einer Gardine gestanden, um zu sehen, wie das Wetter war. Als sie wieder aus der Nische hervortraten, waren beide Tüllgardinen an dem Stoff ihres neuen Kleides hängengeblieben. Tonja zog das leichte, sich anschmiegende Gewebe einige Schritte hinter sich her wie eine Braut ihren Schleier. Alle mußten lachen, so auffällig war die Ähnlichkeit, ohne daß jemand durch ein Wort darauf hinwies.

Jura schaute nach allen Seiten und sah die gleichen Straßen, die vor kurzem auch Lara aufgefallen waren. Der Schlitten verursachte ein dumpfes, merkwürdiges Geräusch, das ein langes, nicht minder merkwürdiges Echo unter den vereisten Bäumen in den Gärten und auf den Boulevards weckte. Die von innen erleuchteten, mit Reif bedeckten Fenster der Häuser glichen kostbaren Schreinen aus Rauchtopas. Hinter ihnen glühte Moskaus weihnachtliches Leben, brannten die Weihnachtsbäume, drängten sich die Gäste; kostümierte junge Leute spielten unter Gelächter Verstecken oder ein Ringspiel. Plötzlich kam Jura der Gedanke, daß Alexander Block den Geist des Weihnachtsfestes auf allen Gebieten des russischen Lebens beschworen habe, in der nordischen Stadt und in der neuesten Dichtung, unter dem Sternenhimmel der Straßen und im Umkreis des brennenden Baumes. Es war überflüssig, einen Aufsatz über Block zu schreiben: Man brauchte nur eine russische Anbetung der drei Könige zu schildern, wie es die Holländer getan hatten – mit krachendem Frost, Wölfen und einem dunklen Tannenwald.

Nun fuhren sie durch die Kammerherrnstraße. Jura fiel ein dunkler Streifen an einem eisbedeckten Fenster auf. Durch diesen Spalt schimmerte das Licht einer Kerze, das wie ein weitgeöffnetes Auge auf die Straße blickte. Die Kerzenflamme schien unruhig nach den Fahrenden Ausschau zu halten, als erwarte sie jemanden. »Die Kerze brannte auf dem Tisch. Die Kerze brannte …«, flüsterte Jura vor sich hin. Es war der Anfang von etwas noch

Formlosem, Unbestimmtem. Er hoffte, die Fortsetzung würde von selber kommen, ohne jeden Zwang; sie kam aber nicht.

⸺

Seit unvordenklichen Zeiten wurde Weihnachten bei Sentizkjis in folgender Weise gefeiert: Um zehn Uhr, wenn die Kinder schon weggefahren waren, wurde der Baum für die reifere Jugend und für die Erwachsenen ein zweites Mal angezündet, und man vergnügte sich bis in die Morgenstunden. Die älteren unter den Gästen saßen die ganze Nacht hindurch an den Kartentischen in einem pompejanischen Salon. Dieser Salon bildete eine Art Fortsetzung des Saales und war von ihm durch einen schweren, dichten, an großen Bronzeringen befestigten Vorhang getrennt. In den frühen Morgenstunden soupierte dann die ganze Gesellschaft gemeinsam. »Warum so spät?« erkundigte sich George, ein Neffe der Swentizkijs, der vom Vorzimmer aus in die Wohnung des Onkels und der Tante gekommen war. Auch Jura und Tonja beschlossen, zunächst die Gastgeber zu begrüßen und, nachdem sie abgelegt hatten, einen flüchtigen Blick in den Saal zu werfen.

An dem heiß atmenden Weihnachtsbaum vorbei, der von einigen schimmernden Lichtreihen umgürtet war, drängte sich, mit den Kleidern rauschend und einander auf die Füße tretend, eine große Menge von Menschen, die sich hier ergingen und unterhielten.

Inmitten des Kreises drehten sich die Tanzenden wie toll. Sie wurden umeinander gedreht, zu Paaren verbunden und zu einer langen Kette auseinandergezogen. Der Sohn des stellvertretenden Staatsanwalts, der Lyzeist Koka Kornakow, führte den Tanz an und brüllte aus vollem Halse, vom einen Ende des Saales zum anderen: »Grand rond! Chaîne chinoise!« Und alles geschah nach seinen Worten. »Une valse, s'il vous plaît«, brüllte er dem Klavierspieler zu und führte bei der ersten Tour seine Dame â trois temps, â deux temps, so daß der Rhythmus immer langsamer und die Kreise immer enger wurden, bis die Tänzer kaum merkbar auf einem Fleck hin und her traten – es war nun kein Walzer mehr, sondern nur dessen ersterbender Widerhall. Und alle klatschten Beifall. Dieser sich bewegenden, laut sprechenden Menge wurden dann Eis und erfrischende Getränke angeboten. Die Jünglinge und die jungen Damen, die sich heiß getanzt hatten, hörten für einige Augenblicke auf zu lärmen und zu lachen; sie hatten es eilig, die kalte Limonade begierig zu schlürfen. Aber kaum hatte man die Gläser aufs Tablett gesetzt, so erneuerte sich das Geschrei, und das Lachen verzehnfachte sich, als habe man etwas sehr Animierendes genossen.

Tonja und Jura gingen jedoch nicht in den Saal, sondern zu den Gastgebern in die hinteren Wohnräume.

Die Privaträume der Swentizkijs waren mit unnützen Sachen überfüllt, die man aus dem Salon und Saal hierhergebracht hatte, um Raum zu gewinnen. Hier befand sich die Zauberküche der Gastgeber, hier lagerten auch alle Weihnachtssachen. Es roch nach Farbe und Kleister. In buntes Papier gewickelte Pakete und ganze Haufen von Schachteln mit Kotillon-Orden lagen zwischen Vorräten an Weihnachtskerzen.

Die alten Swentizkijs beschrieben Kärtchen mit Nummern für die einzelnen Geschenke, Tischkarten für das Souper und kleine Billette für eine geplante Lotterie. George half ihnen dabei, irrte sich aber immer wieder in der Numerierung, so daß sie ärgerlich brummten. Die beiden Swentizkijs freuten sich ungemein über Jura und Tonja. Sie hatten sie schon als Kinder gekannt, und so machten sie gar keine Umstände mit ihnen. Ohne weitere Worte zu verlieren, ließ man die beiden mitarbeiten.

»Felizata Semjonowna versteht nicht, daß man das hätte früher überlegen sollen und nicht im Hochbetrieb, wenn die Gäste schon da sind. Ach du, was machst du denn, George! Wieder hast du die Nummern durcheinandergebracht! Es war ausgemacht, die Bonbonnieren mit den Dragées auf den Tisch zu setzen, die leeren aber auf den Diwan zu legen. Aber bei euch ist nun alles wieder durcheinandergeraten.«

»Ich freue mich sehr, daß es Annette jetzt besser geht. Wir haben uns mit Pierre solche Sorgen um sie gemacht.«

Jura und Tonja brachten den halben Abend mit George und mit den Alten hinter den Kulissen des Weihnachtsfestes zu.

ALEXANDER MALYSCHKIN

Die Christwoche in Sutulowka

Drei Werst von der Bahnstation gleichen Namens entfernt lag das Dorf Sutulowka. Von Gott und den Menschen vergessen, lag es jetzt zu alledem in mitternächtlicher Finsternis, begraben von angewehten Schneemassen, nur ein streunender Hund bellte zuweilen heiser auf. Entlang den Dreschtennen irrte durch das weiße Grauen ein Wanderer – ein Reisender vom Nachtzug, ein Bursche mit gelber Friesjacke und Bündel.

Der Schneesturm peitschte das Gesicht, wirbelte über die verwehten Fahrspuren, verschlug ihm den Atem; er ließ die Leitungsdrähte summen. Es war, als würden immerzu Schellen klingeln, und vor den Augen flimmerte es.

Zum Verrecken ist das hier, dachte der Bursche und preßte fröstelnd die Ellbogen an sich. Wie das stürmt und heult, verdammt noch mal!

Doch er fühlte, daß es bis zum Dorf nicht mehr weit sein konnte. Da jaulten in der Nähe auch schon Hunde auf, ein Lichtschein schwankte, vor ihm wuchs eine stämmige, breite Gestalt in den dunklen Himmel und streckte verwundert zwei gewaltige schwarze Arme aus.

»Die Mühle, und da ein Heureuter!« rief der Wanderer erfreut und beschleunigte den Schritt. Auf der verhangenen Anhöhe hinter der Mühle drängten sich Bauernhütten, ein Fenster wurde hell, im Lichtschein döste ein Wächter, das Kinn auf den Stock gestützt, schneebedeckt.

»Onkel!« schrie der Bursche, zitternd vor Kälte. »He, wo wohnt hier Kroton? Kroton, den Krämer mein' ich!«

»Re-e …« Der Wind trug einen Wortfetzen herüber, und der Bursche erriet – rechts. Selbst als er ganz nahe an den Mann herangekommen war und von den Weidenbäumen feiner Schnee auf sie herabrieselte, mußte dieser brüllen, um sich verständlich zu machen.

»Halt dich rechts, beim Amtsvorsteher vorbei, beim Amtsvorsteher, sag' ich! Zu nachtschlafener Zeit läßt er dich sowieso nicht rein! Er hat 'ne Kanone aufs Tor gerichtet. Paß auf, mein Bester, daß er dir keins überbrennt …«

Der Bursche bog um die Ecke, ohne den Alten weiter anzuhören, und ging am Gartenzaun vom Amtsvorsteher vorbei. Eine dumpfe Erinnerung kam ihm, da stieß er auf den steinernen Seitenflügel, in dessen Fenstern das rote Schummerlicht von Ikonenlämpchen flackerte. Er pochte an die Pforte.

Kurz darauf schlurften Schritte hinterm Tor, ein Lichtschein tanzte; trübe kroch eine Laterne zur Pforte, jemand schnarrte unwirsch: »Wer da? Willst du wohl Ruhe geben, Halunke! Was gibt's, he?«

»Ich bin's, Onkel, Ihr Neffe. Tag auch!« rief der Bursche und wandte den Blick nach oben. »Der Mitka bin ich, so öffnen Sie doch endlich!«

»Mach, daß du fortkommst! Pack dich, und schiel nicht nach den Schlössern! Hier treibt sich allerlei Gesindel herum … Einen Paß hast du wohl auch nicht, was?«

»Wie sollte ich nicht! Hier, Onkel …« Der Bursche drehte sich, wühlte in seinen Taschen und hielt ein Papier zur Laterne hin. Die Laterne verschwand, hinter der Pforte brummte es. Dann schnappten die Riegel, eine unsichtbare kleine Gestalt ließ ihn ein. Als er durch den Hausflur ging, sah er an der Wand zwei Flinten und daneben eine kleine Kanone.

»Los, los«, schnarrte es von hinten, »gaff nicht, ich muß dich erst mal unter die Lupe nehmen, wie's sich gehört.«

In der Stube brannte eine Lampe mit heruntergedrehtem Docht. Nun war Mitkas Gesicht zu erkennen, die sonnenverbrannte Haut, die Stupsnase, eine Haarlocke, die verwegen unter der Mütze hervorquoll. Keuchend und ächzend klopfte er sich an der Schwelle den Schnee ab, während Kroton, ein schmächtiger, rotlippiger Greis mit einem schmalen Bärtchen und ebenso schmalen, stechenden Äuglein, die Laterne ausblies.

»Mein Neffe, hör' ich, willst du sein.« Er grinste hämisch. »Und wo kommst du her, mein Lieber? Aber lüg mir nichts vor, ich weiß doch alles!«

»Aus Sysran komme ich«, antwortete der Bursche, »hab’ dort im Hafen gearbeitet. Hier war ich nicht, seit Vater tot ist, zwölf Jahre ist’s her. Aber Sie, Onkel, hab’ ich gleich erkannt, nur grau sind Sie geworden. Und das da ist Aljonuschka«, er deutete auf eine Fotografie auf dem Tisch. »Ihr Pflegekind, ich erinnere mich, wir haben zusammen mit Knöcheln gespielt. Sieh an, was für eine Augenweide sie geworden ist! Ist sie noch bei Ihnen?«

»Ich merk’ schon, Bursche, spar dir deine Redensarten«, sagte der Alte streng, und seine Augen erloschen, Wut trübte seinen Blick. »Nimm deine Lumpen und verschwinde, ehe ich den Gendarmen rufe. Du bist gar nicht Mitka. Trödle nicht! Los, ich führ’ dich hinaus …«

»Onkel!« flehte der Bursche. »Soll ich denn erfrieren? Ach was!«

Er verkniff weinerlich die Augen, griff nach seinem Bündel und stürzte zur Tür. Da rief ihn der Alte zurück, bot ihm einen Platz an und huschte, sich die Hände reibend, in der Stube hin und her. Mit süßem Schmerz spürte der Bursche, wie die Wärme in den Körper strömte, die Schläfrigkeit schwer an seinen Lidern klebte. Er blinkerte müde und stierte Kroton an. Doch der Alte huschte umher, als wollte er ihn einschläfern; schließlich kicherte er süßlich und fragte: »Wie steht’s denn mit den Mädchen bei dir, Mitka? Klappt’s damit, oder gibt es Klagen?«

»Na ja«, erwiderte der Bursche trotz seiner Schläfrigkeit mit seligem Lächeln, »was das Weibervolk angeht,

133

da bin ich ein As ... Hier, ich hab' 'ne Harmonika mit: ein bißchen Dideldum und schöne Augen gemacht, und die Mädchen reißen sich um mich, die reinste Prügelei! Wir aus Sysran verstehn was davon: Du haust ihnen so ein Ding nach dekadentem Geschmack hin, daß es deinem Maxim Gorki, diesem Schlaukopf, alle Ehre macht!«

»So haben wir's gern.« Der Alte nickte beifällig. »Wohn bei mir und heitere meine Aljonuschka auf. Sie kränkelt und grübelt mir zuviel, ich fürchte, sie könnte durchdrehen ... Mach ihr gute Laune, dann will ich dich belohnen. Aber von wegen ... Das schlag dir aus dem Kopf! Sie hat einen Bräutigam, einen mächtig reichen – also keine Zicken, hörst du!«

»Hm«, der Bursche blinzelte schlaftrunken und wankte hinter Kroton in die Kammer, wo er sich gleich auf die Truhe warf. Hüstelnd entfernte sich der Alte. Stille summte in den Räumen. Mitka war schon am Einschlafen, seine Gedanken verwirrten sich, da knarrte plötzlich ein Dielenbrett, und wieder drang lästiges, wachsames Licht unter seine Lider.

»Schläfst du schon?« zischte es von der Tür her. »He, du, laß es dir nicht einfallen, in den Stuben rumzuschnüffeln. Ich hab' alles hinter Schloß und Riegel, jawohl, und die Flinte hängt griffbereit. So, das wär's.«

Er warf die Tür zu, und es wurde still. Mitka überlegte einen Augenblick und seufzte verwundert. Dann vergrub er das Gesicht im Kissen, atmete auf und fiel im selben Augenblick in einen tiefen, traumlosen Schlaf.

Krotons Laden neben dem Seitenflügel steckte wie ein Keller bis zum Gesims in der Erde. Die Tür war aus Eisen und schwer, den Fußboden bildete die blanke, festgestampfte Erde, feuchtes Dunkel machte den Keller muffig. In diesem Dunkel nun hüstelte tagaus, tagein der scharfsichtige Kroton, stets lächelnd, stets hinterlistig zwinkernd … Ganz unruhig wurde einem davon.

Dort setzte er Mitka am Morgen Tee mit Zitrone vor. Mitka erzählte weitschweifig, wo er seit frühester Kindheit herumgekommen und wie er durch die Steppen geirrt sei, ohne Paß, hungrig und frierend, wie er dann im Hafen Arbeit angenommen habe und nun, gottlob, auf festen Füßen stehe.

»Ich will ja nicht aufschneiden«, sagte er würdevoll, »aber ich hab' dreiundvierzig Silberrubel beiseite gelegt, auf die Kopeke! Noch mal soviel, und ich kann sogar heiraten. Ich bin halt in den Jahren, wo es ohne Frau nicht mehr geht.«

»Das stimmt«, pflichtete Kroton bei, und es war im Dämmerlicht nicht zu erkennen, ob er lächelte oder sein Gesicht vor Schmerz verzog. »Du bist ein junger Kerl, hast's jetzt wohl auf den Onkel abgesehen, vielleicht stirbt der alte Knacker, dann fällt ein ordentlicher Batzen für dich ab, was? Aber ich bin noch rüstig, könnt' mir selbst noch eine Frau nehmen, hihi! Denkst wohl, ich stopfe Aljonuschka alles in den Hals, was?«

»Aber Onkel, an so was hab’ ich nie gedacht«, sagte Mitka bekümmert. »Der Herrgott schenke Ihnen Gesundheit, und überhaupt, wo Sie mich armen Schlucker aufgenommen haben und ich die Heimat wiedersehen kann, bei meiner Ehre …«

»Schon gut.« Kroton verneigte sich mißtrauisch, seufzte und erhob sich. »Nun schau mal zu Aljonuschka in die Stube. Schwatz mit ihr, bring sie auf andere Gedanken. Wirst schon wissen, wie – bist ja jung, hihi!

Mitka dankte für die Bewirtung und ging gehorsam. Er erinnerte sich, wie er einst an sonnigen Tagen, vielleicht im Traum, in einem roten Hemd über breite, grasbewachsene Straßen gelaufen war oder wie er in einem silbernen Teich unter Weiden gebadet hatte; damals war er ihr nahe, war wie verwachsen mit der glühenden grünen Erde, im Gras zwitscherten und jubilierten Vögel, und die Dämmerung in den heimatlichen Hinterhöfen war voller erträumter Wunder.

Als ob es zu diesem Traum gehörte, lachte irgendwo in der Ferne ein dunkeläugiges Mädchen mit flachsblondem Zopf.

Jetzt werd’ ich mich wohl nicht an Aljonuschka heranwagen können, dachte er, als er die Stube betrat. Sie sieht ja auf der Fotografie wie eine richtige Schönheit aus. Wer bin ich denn schon? An der Schwelle räusperte er sich absichtlich laut; süße Beklommenheit überkam ihn. Er trat von einem Fuß auf den anderen, schaute durch die Tür und erspähte Aljonuschka.

Sie stand am Tisch in einem schwarzen Tuch und einem Altweibersarafan, der ihre hohe Brust kaum verbarg. Ein schwerer Zopf, gelb wie reifer Roggen, fiel ihr von der Schulter, ihr grellroter kleiner Mund war streng zusammengekniffen, die dunklen Augen blickten hilflos und traurig.

»Erkennen Sie mich nicht, Aljonuschka?« Mitka trat zu ihr, lächelte verwirrt und berührte ihre weiße Hand. »Der Mitka bin ich, Sie erinnern sich bestimmt, wir haben als Kinder zusammen gespielt. Guten Tag!«

»Vater hat es mir schon erzählt«, sagte das Mädchen und lächelte ungewollt. »Wie Sie sich herausgemacht haben, ein richtiger Bräutigam! Setzen Sie sich doch, Mitka!«

Mit starrem Lächeln setzte er sich, er wußte nicht weiter. Schön ist sie, dachte er bei sich und fühlte einen dumpfen Schmerz, aber viel zu nonnenhaft! Weiß der Teufel, wovon ich mit ihr reden soll!

Im Hafen war alles einfach und klar. An den Sonntagabenden besuchte er einen Hausknecht, seinen Freund, und trank mit ihm ein Fläschchen. Dann marschierten sie zum Stadttor, trafen sich mit ihren Freundinnen, zwei Stubenmädchen, knabberten Sonnenblumenkerne, Mitka spielte übermütig auf der Harmonika und stierte auf die Brust seiner Liebsten. Manchmal machten sie noch einen Spaziergang hinter der Stadtmauer, und wenn der Mond aufging und das Gras bläulich färbte und die Wolga in den dunklen Wiesen wie eine silberne Flut glitzerte, dann trübten seltsame und wehmütige Wünsche die Sinne, und es war nicht mit anzusehen, wie die Mädchen, trunken vom roten Wein, kicherten und tuschelten.

»Öd ist's hier«, sagte er schließlich, »und Sie, Aljonuschka, bedrückt irgendein Kummer, die Langeweile sicherlich … Bei uns ist jetzt die lustigste Zeit: die Stiefel gewichst, und dann wird getanzt und Musik gemacht! Vielleicht werden Sie fröhlicher, wenn ich ein bißchen Harmonika spiele?«

»Nein, nein, was fällt Ihnen ein«, wehrte das Mädchen erschrocken ab, »an solch einem Tag, am Christabend! Oder haben Sie das vergessen? Heute ist Christus geboren, das ist der allergrößte Tag. Was denken Sie sich! Es ist schon Sünde, davon zu sprechen.«

»Sie sind ja eine richtige Betschwester«, staunte Mitka, »und angezogen gehen Sie auch wie eine Nonne, oder ist der Onkel so geizig? Es ist langweilig bei ihm, was?«

»Mir fehlt's an nichts«, antwortete das Mädchen leise und senkte die schwarzen Wimpern. »Zu mir kommen oft Pilger, Schwachsinnige. Ich bewirte sie mit Tee, und dann erzählen sie von den Wallfahrtsorten … Und wie schön sie erzählen! Wenn man in den Heiligenlegenden liest, welche Qualen die Pilger für uns auf sich genommen haben … Am liebsten möchte ich ins Kloster …«

»Ins … Kloster?« Mitka sperrte den Mund auf und blinzelte dumm. Er wollte noch etwas sagen, doch die Tür knarrte und Kroton trat ein. Der Alte grinste hämisch und nickte ihnen zu.

»Sieh einer an, wie sie schwatzen, die Kinder! Aber ihr seid ja jung, amüsiert euch nur – ein Bursche ist bei Aljonuschka ein seltener Gast, sie ist immer nur mit Pilgern und mit mir Altem zusammen. So gefällt's ihr! Schwatzt nur, Kinder, schwatzt, laßt euch nicht stören!«

»Ich gehe in mein Zimmer, Vater, ich halt's nicht mehr aus«, stieß Aljonuschka plötzlich hervor und verließ mit gesenktem Blick die Stube.

Kroton schaute ihr nach, schielte argwöhnisch zu Mitka hin und zischte giftig: »Was ist?«

Mitka stammelte etwas, dessen Sinn er selber nicht verstand; es wurde ungemütlich und unheimlich. Eine Weile drückte er sich, finster dreinschauend, unentschlossen am Fenster herum, dann ging er hinaus.

Der Sturm hatte sich gelegt; blaßblau, wie hingegossen, lagen die Schneewehen auf den Feldern, krochen bis an die Pforten heran und hingen wie Dächer über den Hütten.

Mitka schlenderte zur Bahnstation, streifte durch das abendliche Dorf, wo alles still und vereinsamt war; nur die Schlitten knirschten einschläfernd, und am Brunnen klapperte eine Bauersfrau mit einem Eimer. Frühe Dunkelheit senkte sich herab, hinter ihr glomm dunkel und schwarzrot die untergehende Sonne. In den Bauernhütten wurden die Öfen geheizt, ein Zeichen, daß die Fastenzeit vorbei war. Der beißende Rauch stieg nicht auf, sondern legte sich als trüber Schwaden über den Fluß.

Mitka war, als sähe er das alles nur im Traum; er glaubte sich plötzlich in ein fernes Land versetzt und wußte in diesem Taumel nicht mehr, ob er willenlos durch die dunklen Straßen irrte oder ob ihn ein böses Fieber narrte …

Endlich gelangte er zu Krotons Haus. Im Laden flakkerte ein Lichtschein, aus den Stubenfenstern sickerte wie gestern das mattrote Licht der Ikonenlämpchen. Im stockfinsteren Hausflur strich ihm der Kater um die Beine und schnurrte. Mitka durchrieselte es kalt, ihn gruselte. Geräuschvoll legte er ab; er war ratlos und wollte sich schon in seine Kammer verdrücken, als aus dem Dunkel, blaß und verweint, Aljonuschka hervorglitt, seine Schultern umfaßte und ihn zu ihren großen, schimmernden Augen heranzog.

»Was soll das«, rief er ärgerlich vor Schreck und riß die Schultern zurück, »ich bin es …«

»Du bist doch ein guter Mensch, Mitka«, stammelte sie, außer Atem vom Weinen, und schmiegte sich an ihn, »hilf mir, hilf, du bist doch gut! Er hat sich mir wieder zu Füßen geworfen und geweint. ›Heirate mich‹, sagt er, ›wenn du nicht willst, nehme ich dich mit Gewalt!‹ Ich kann seine Tränen nicht sehen, Mitka, ich fürchte mich. Erbarm dich! Du hast mich doch als Kind gekannt, versteck mich, du bist doch gut! Hier in Waserki ist ein Kloster, bring mich dorthin, ich geb' dir dafür die dreihundert Rubel, die er auf die Bank gebracht hat! Mitka, hilf mir …«

Aljonuschka fiel mit leisem Stöhnen auf einen Stuhl, wobei sie sich am bloßen Ellbogen stieß. Mitka blinzelte fassungslos, streichelte behutsam ihren Rücken und murmelte: »Was ist denn, hm?«

Dann winkte er ab, ging auf Zehenspitzen in seine Kammer, warf sich ächzend aufs Bett, mit dem Gesicht nach oben, und lag so, bis der Himmel voller Sterne war.

Wieder kam Kroton mit der Lampe, betrachtete forschend Mitkas geschlossene Augen. In der Küche werkelte die Magd mit dem Messer, appetitlicher Dunst verbreitete sich. Nach Mitternacht wurde es draußen vor dem Haus laut, Schritte knirschten im Schnee, Mädchen kreischten, streitsüchtige Burschen krakeelten … Schließlich erklang volltönendes Glockengeläut.

Die Stuben in Krotons Haus waren zum Festtag frisch geweißt. An den Fenstern hingen Tüllgardinen, die knarrenden Dielen waren mit bunten Läufern belegt, auf dem ausladenden schneeweiß gedeckten Tisch standen schwere, mit Butter bereitete Speisen und Beerenschnaps.

Als Mitka von der Messe kam, betete er inbrünstig vor den prunkvollen Heiligenbildern und setzte sich, in Erwartung des leckeren Mahles, schüchtern zu Tisch. Kroton hielt sich noch in der Küche auf, nur Aljonuschka war in der Stube. Sie trug einen türkisgrünen Sarafan und stand am Fenster, gleichsam rein gewaschen von

141

Freude. Durch die Straßen zog rotgesichtiges Volk, bläuliches Schneegestöber kräuselte in der Sonne.

»Komische Gedanken haben Sie, Aljonuschka!« brach Mitka das Schweigen. »Ich dachte, wunder wie krank Sie sind. Was war eigentlich gestern? Sie haben mich ganz durcheinandergebracht. Was wollen Sie denn noch, beim Onkel haben Sie doch alles in Hülle und Fülle!«

Er wollte ihr noch etwas Gutes, Tröstendes sagen: Heiße Freude erfüllte alles, weil der Morgen so klar war, die Sonne so prächtig strahlte. Aber manchmal loderte in seinem Innern eine dumpfe Qual, als käme, wie jüngst im Traum, seine Aljonuschka zu ihm, legte ihre schmalen Hände auf seine Schultern und lächelte zärtlich, die nahen, dunklen Augen voll geheimer Wonne.

»Ach nein, mir fehlt nichts.« Ihr Gesicht verfinsterte sich, sie knackte schmerzhaft mit den Händen, als wollte sie sich strecken. »Krank bin ich nicht, nur … Ich bin so herunter mit den Nerven, ich gehöre nicht hierher. Bald geh' ich ins Kloster, zu den Pilgern. Dort werde ich eine helle, stille Zelle haben … Mitka, mir ist doch die Gottesmutter erschienen. Ich hab's bloß keinem gesagt, Sie sind der erste. So nahe wie Ihnen bin ich ihr gewesen, der Gottesmutter … Welch ein Glück!«

»Irgend so ein Spuk«, sagte Mitka wegwerfend, »vor Kummer kann man schon was zusammenspinnen!«

»Bei den Bienenstöcken war's.« Aljonuschka lächelte verzückt. »Überall Stille, Blütenduft, Sonne … Mir wollte das Herz stehenbleiben. Am Teich bin ich niedergekniet, hab' gebetet und bei mir gedacht: Warum kommen solche Erscheinungen nur den Pilgern und nicht auch uns Sündigen – könnt' ich doch die Gottesmutter wenigstens mit einem Auge erblicken! Und plötzlich hatte ich eine Erscheinung: Eine Frau kam übers Gras, barfuß, in einem bläulichen Sarafan, und auf ihrem Antlitz, Mitka, spiegelte das reinste Sonnenlicht – nicht hinschauen konnte man! Ich getraute mich nicht, die Augen aufzuschlagen, fühlte nichts mehr, und sie, die Wohltäterin, trat auf mich zu und sprach: ›Wo geht es nach Wygljadowka, Mädchen?‹ Ich sagte irgend etwas und wußte nicht mehr, wo ich war. Als hätten mich die Sinne verlassen …«

»Komisch«, brummte Mitka, der mit offenem Mund zugehört hatte, und verstummte, als er Schritte vernahm.

Leise wie ein Dieb kam Kroton angeschlichen, das Haar gefettet, in einem weißen Hemd mit einem rosa Gürtelband. Er lächelte, und durch sein Hemd wirkte das welke Gesicht noch rosiger, als wäre es vom heißen Baden aufgedunsen.

»Nun, Kinder, ein frohes Fest!« Er verneigte sich und streifte sie mit scharfem Blick. »Frohes Fest, Aljonuschka, küß mich Alten! Frohes Fest, Mitka!«

Schluchzend schmiegte er sich an Aljonuschkas Wange. Sie errötete ein wenig; dann berührte er Mitkas Lippen mit seinem nassen Mund. Mitka verneigte sich demütig und küßte schmatzend Krotons rote Hand.

»Auch ich wünsch' Ihnen ein frohes Fest, Onkel, und danke schön für den Gruß!«

»Nun gib ihr einen Kuß«, sagte Kroton ergeben seufzend und deutete auf Aljonuschka. »Ihr jungen Leute mögt das doch. Aljonuschka, was ist, mein Täubchen?«

»Wie Sie wollen, Vater.« Sie schlug die Augen nieder und wandte sich, über und über errötet, ab.

»So, so«, krächzte Kroton grämlich, »›wie Sie wollen‹ … Ich seh's doch, ich durchschaue euch ganz und gar. Guck ihn dir an, den Lockenkopf, da steht er und verschlingt dich mit den Augen! Nun küßt euch endlich, schmatzt euch ab … Los, geh zu ihm!«

Wie im Taumel sah Mitka durch einen Schleier ein verlegenes Mädchenlächeln, hilflose, selige Lippen. Kaum hatte er ihren heißen Atem gespürt, da schlug er benommen die Augen nieder. Kroton schniefte, wischte sich mit einem Tuch die Augen und ging rückwärts hinaus. »Weint er?«

Mitka schaute verlegen Ajonuschka an. Sie schüttelte den Kopf und hielt krampfhaft die Hände vors Gesicht.

Nach einer Weile kehrte Kroton zurück, schweigsam und mit roten Augen. Bedrückt und in sich gekehrt, nahmen sie das Mahl ein. Nach dem Tee schloß sich Mitka, erschöpft von all den Aufregungen, in seiner Kammer ein, beugte sich über seine Harmonika und wollte den Kummer betäuben.

Ein Knopf schrillte, gab einen falschen Ton. Mitka befiel ein Kribbeln, als hätte er irgendwo ein reifes Geschwür. Der schrille Ton bohrte und bohrte in der Wunde, bis ihm schließlich ganz übel wurde davon. Da brach Mitka, vollends erschöpft und wütend, das verhaßte Polkagedudel ab, knüllte die Mütze zusammen und rannte hinaus.

Schlitten jagten vorüber, darauf lagen, nebeneinander ausgestreckt, rotwangige Frauen mit bunten Tüchern und sangen laut verrückte Lieder. Die Burschen hatten die Mäntel bis auf ihre leuchtend roten Hemden zurückgeschlagen, dudelten, was das Zeug hielt, auf ihren Harmonikas, und an den Kummets flatterten helle Bänder. Die sind vergnügt, dachte Mitka verdrossen. Wie sie loslegen! Und hier ist alles wie verhext. Warum bin ich Dummkopf bloß hierhergekommen …

An der Kreuzung fiel ihm ein alter Bekannter über den Weg, Gevatter Aj-aj mit Spitznamen. Sein Kopf glich einer Melone, war völlig kahl, die listigen Augen sahen wie Rosinen aus, und vom zahnlosen Mund hing wie Werg ein schütterer Bart bis über den Gürtel. In des Gevatters lustigem Haus, wo ein Kalb blökte und es nach warmem Mist roch, tranken sie Wodka – Mitka wurde bald trübselig und weich gestimmt, erzählte, daß bei Kroton alle reineweg verrückt seien, und was sie auch täten, alles ginge verdreht zu. Gevatter Aj-aj blinzelte mit seinen Rosinenaugen und wieherte wie toll, obwohl es keinen Grund gab. Schließlich hängte er sich Mitka ans Ohr und wisperte geheimnisvoll. Im Hause des alten Drachen sei es schon lange nicht mehr geheuer, den Alten gelüste es selbst nach seinem Pflegekind, und Mitka müsse die Augen schon besser offenhalten, sonst würde der ihn fertigmachen.

Betrunken torkelte Mitka nach Hause. Überm Glockenturm spitzte sich schon die weiße Mondsichel.

Kroton erwartete ihn an der Tür, gedankenvoll, klopfte ihm, gezwungen lächelnd, auf die Schulter, wies auf Aljonuschkas Tür und sagte: »Das Mädchen … Liegt den ganzen Tag da, hast schön was angerichtet mit deinem Kuß, hihi! Denkt wohl nur noch daran. Und du auch, was? Ich weiß doch, was ihr braucht. Mach schon, sei zärtlich zu ihr!«

»Aber sie hat sich doch schon ausgezogen, Onkel!«

Mitka schaute mürrisch drein und seufzte gekränkt: »Ein schlechter Spaß ist das.«

»Mitka, mein Lieber«, stammelte Kroton plötzlich, sich überstürzend, »geh zu ihr, wenn du deinen Onkel liebhast, geh! Um Christi willen bitte ich dich, Mitka! Ich bin doch kein Zwietrachtstifter, oder denkst du, ich seh' nicht, was los ist? Tu's mir zuliebe, geh zu ihr rein, geh!«

Er klammerte sich an Mitkas Ellbogen, schniefte, zog ihn zur Schlafstube, stieß ihn hinein und verschloß die Tür.

Eine grüne Ikonenlampe brannte; im schläfrigen Dunkel sah Mitka Aljonuschkas bleiches Gesicht, das auf dem Kissen in der dunklen Wolke ihrer Zöpfe lag. Erschrocken wandte sie ihm die großen, vor erwartungsvoller Unruhe wunderschönen Augen zu und bedeckte aufschluchzend mit den Händen das Gesicht.

»Ich wollte gar nicht«, brummte er, während er sich auf einem Hocker am Bett niederließ. »Er hat mich reingeschickt. ›Geh doch, geh!‹ hat er wieder geplärrt. Irgendwie kommt mir das alles spanisch vor. Aus euch soll einer schlau werden! Vorhin das erst … Aber, wer weiß, vielleicht wollte ich doch? Wenn es Sie kränkt, dann entschuldigen Sie …«

»Nein, nein«, flüsterte Aljonuschka mit leisem Schmerz. »Schon gut …«

»Ja, ich weiß«, knurrte Mitka bekümmert, »mit unsereins mag sich nicht jeder küssen. Das ist unser Los, einen Dreck sind wir wert … Entschuldigen Sie schon!«

»Nicht doch, Mitka«, sagte Aljonuschka leise seufzend, zeigte plötzlich ihr Gesicht und lächelte mit noch tränenfeuchten Augen. Die Bettdecke rutschte herab, ganz nahe schimmerte eine zarte weiße Schulter.

»Aber was ist denn, was ist denn?« murmelte Mitka trunken, beugte sich über ihre lächelnden geöffneten Lippen, und alles um ihn versank in süßem Nebel.

»Sieh da, sieh da, die Kinder sind sich einig«, knarrte im Hintergrund eine hämische Stimme; aus dem Dunkel trat Kroton hervor, machte einen Buckel und verschränkte die Hände auf dem Rücken. »Sind sich einig geworden, die Kinder. Das Blut fordert das Seine, es braust in euch, das heiße, junge! Wär' ich nicht hereingekommen, was für eine Sünde wäre geschehen, es ist

schon so, hihi! Na, nichts für ungut, ich bin ja kein Zwietrachtstifter. Nur weine nicht, Aljonuschka. Sag mir:
Willst du Mitka heiraten?«

»Wie Sie wollen, Vater«, sagte das Mädchen furcht-
sam und vergrub den Kopf im Kissen. »Sie haben mich
gehegt und gepflegt, ich weiß nicht …«

»Aha, ›wie Sie wollen‹.« Kroton schüttelte kummer-
voll den Kopf und seufzte: »Und früher wolltest du ins
Kloster gehen, hast Ikonenlämpchen angezündet. Wohl
als Ersatz! Von wegen ins Kloster … Na, ich sag' ja nichts,
gräm dich nicht. Aljonuschka! Mitka, magst du sie? Ich
seh' schon, freilich magst du sie …«

»Sehr, Onkel, oh …« Mitka strahlte, von Freude über-
wältigt. »Na, dann in Gottes Namen.«

Kroton wischte sich die Augen und verkroch sich in
der Ecke hinter dem Heiligenbild. Dann mußten sie sich
küssen; er stellte sich mit dem Rücken zur Tür, damit sein
Gesicht nicht zu sehen war, und weinte. »Sterben werd'
ich, bald lieg' ich unter der Erde, alles hinterlasse ich
euch, vierzigtausend hab' ich, Mitka, alles für euch, ein
Vermögen! Und ich muß ins Grab, ach!«

»Onkel!« rief Mitka mit erstickter Stimme und blinzelte. »Vielen Dank auch, von ganzem Herzen! Was hab'
ich alles durchgemacht, und nun so viel Glück!«

Er schluchzte und warf sich Kroton zu Füßen.

Vor Neujahr fuhr Kroton mit den jungen Leuten in die

Gouvernementsstadt. Mitka schenkte er einen Kängu-
ruhmantel, eine graue Pelzmütze mit gemustertem Ober-
teil und eine goldene Uhr. Für Aljonuschka kauften sie
einen mit Purpursamt besetzten Pelz und gaben beim
Schneider das Brautkleid in Auftrag, und schließlich ließen sie auch Mitkas Harmonika reparieren.

Nach Neujahr besuchten sie Dawydka Tokarew, einen
reichen Bauern, in dessen Haus die jungen Leute zuvor-
kommend begrüßt wurden und am Ehrenplatz vor den
Heiligenbildern Platz nehmen durften.

Eine riesige Gästeschar füllte Dawydkas Haus: Fla-
schen wurden auf die Tische gestellt, Berge von Sülze und
Ferkelfleisch aufgeschnitten. Schmatzend machte man
sich über Speise und Trank her. Mitkas Stimmung bes-
serte sich rasch durch den Schnaps; der griesgrämige
Kroton dagegen rührte nichts an, auch Aljonuschka, die
ihn anschaute, verlegen schwieg und die dunklen Augen
niederschlug, aß keinen Happen.

Bald waren die Gäste trunken. Die Frauen schwenk-
ten kleine Tücher und tanzten im Kreis herum, Gedrän-
ge entstand. Gevatter Aj-aj hielt einen langnasigen flachs-
blonden Telegrafisten am Schlafittchen und lamentierte
lauthals: »Mein Lieber! Brauchst nicht einzuschnappen,
wenn ich zur dir Schlotterstöpsel sag'! Hab's ja selbst gesehen, mein Bester, ihr drescht in eurem Kontor auf die
Stöpsel, daß ihr nur so schlottert. Schöne Schafsköpfe
seid ihr mir, mein Lieber! Schlotterstöpsel! Haha … Zum
Schießen, was?« Plötzlich kreischte er: »Halt mich, ich

falle!« – und schwebte, mit den Schultern rudernd, durch das Haus, wobei er jemandem mit seiner langen spillrigen Hand drohte.

Von draußen wurde gegen die Fenster getrommelt, die Tür klappte, eine Dampfwolke stieg zur Decke, alles stürzte durcheinander. Zitternd und lachend schmiegte sich Aljonuschka an den Harmonikaspieler, preßte vor Furcht die Augen zusammen: Aus der Dampfwolke lösten sich zottige, schwarze Ungeheuer, stifteten Verwirrung, schlugen laut wiehernd ans Ofenblech.

»Die Maskierten sind da!« schrie jemand und rannte hin und her. »Los, Kinder, zum Dorfältesten, den Schurken bange machen!«

Wieder wallten Dampfschwaden, Schellen läuteten auf unsichtbaren Kummets, am dunkelblauen Himmel stand der Mond. Hitzig stülpte Mitka Aljonuschka den Pelz über, drängte eilig der Menge nach. Kroton hastete, die Arme wie ein Blinder ausgebreitet, hinterher und fauchte: »Wo wollt ihr denn hin, wohin?«

»Dahin!« rief Mitka spöttisch, hob Aljonuschka in den Schlitten und schrie: »Zieht an!«

Die Schellen zitterten, bimmelten los, und auf den Wangen brannte der eisige Wind.

»Hü, Tischka, zieh!« brüllte einer und schwenkte stehend die Zügel. Ungestüm dröhnten die Harmonikaklänge die Straße entlang; die auf den hinteren Schlitten stimmten unter Schellengeläut in das lustige Lied ein. Den Kopf auf Aljonuschkas Schulter gelegt, knetete Mitka selbstvergessen die Harmonikaknöpfe, und durch die leeren Straßen hallten und schallten ausgelassene Lieder.

Sie klopften beim Dorfältesten an die Fenster, daß sie klirrten, stürmten durchgefroren in die stickigen Stuben. Wieder begann das Blut zu rasen. »Immer fest drauf!« stieß Mitka schmerzerfüllt hervor. Mit dünnem Ton legte er los, entrang den Gästen ein Ächzen: Die zottigen, schwarzen Gestalten sprangen hoch und gingen in die Hocke, ein Zigeuner ritt auf einem Bären, ein Tatar mit einem Käppchen heulte. Wutschnaubend sprang Aj-aj wie ein Kalb umher, den langen Bart zwischen die Zähne geklemmt, und wieherte gellend – alles ging unter im dröhnenden Wirrwarr. Kreise flimmerten vor den Augen, die Kehle war zugeschnürt von trunkener Müdigkeit, rotgesichtige Frauen reckten die Brüste, warfen die Röcke mit ihren Schnürstiefeln bis übers Knie und sangen: »Mein Töchterchen, mein Täubchen! Dein Kopf unterm Häubchen!«

Sie schleppten Aljonuschka zum Tisch, gossen ihr gewaltsam Wodka zwischen die hochroten Lippen. Der Telegrafist flog auf sie zu, stemmte die Ellbogen wie ein Geck in die Hüften und machte einen Kratzfuß: »Darf ich bitten, Madame! Wir schieben einen vornehmen Krakowiak!«

»Ich wer' dir was, mit fremden Mädchen!« brüllte Mitka, lief dunkelrot an und fuhr auf den Tänzer los. »In die Fresse kannst du eine kriegen, von wegen Krakowiak tanzen, du räudiger Teufel! Da!« Er hielt ihm seine kräftige Faust vor die Zähne. »Damit wird Holz gehackt, kapiert? Du Schlotterstöpsel …«

»Sachte, sachte!« Jemand drängte sich dazwischen, Aljonuschka zog Mitka an ihre hohe Brust, beschwichtigte mit müden, verheißungsvollen Augen.

Wieder drängte alles zu den Schlitten. Schellen bimmelten. Mit heißer Wange schmiegte sich Aljonuschka fest an Mitka, die warmen Zöpfe verdunkelten seinen Blick; in den Wimpern schaukelte der Mond wie ein silbernes Spinnengewebe, silberhell sang die Harmonika, seufzte langgezogen. Der Schneewind peitschte bis ins Herz – wo war man nur, in was für einer silbernen Mär?

Vor den Erdwällen rings um die Bauernhäuser zeterten schwarzgekleidete alte Weiber, humpelten auf den Weg, buckelig, keiften: »Die Drachenbrut vergnügt sich … Einen Spektakel machen die! Seht nur den Lockenkopf, wie er die Harmonika quetscht! Jetzt geht die Zecherei die ganze Nacht, haben nichts weiter im Sinn, die Teufelsbraten!«

Ein blutroter Strahl der untergehenden Sonne berührte die Ornamente der Glockentürme, ein purpurner färbte die bereiften Weiden auf dem Kirchhof. Die Mädchen schwebten sittsam im Reigen, wie es am Feierabend üblich war, schlugen heuchlerisch die Augen nieder, verhüllten die Himbeerlippen im Eichhornfell der Ärmel; wie ein grellbunter Strom wogten farbige Seidentücher. Gegenüber, in Mänteln und Lackstiefeln, standen die Burschen, wechselten lächelnd Blinzelblicke mit den jungen Damen, ließen hell die Harmonika klingen. Die Brautwerber witterten schon, während sie Arm in Arm über den Platz schlenderten, wie sie zum Frühlingsfest berauscht losziehen würden, poltern gehen …

Auch Aljonuschka trat zu den Mädchen, die Zobelbrauen geschwärzt, das Gesicht vom Wind gerötet. Sie preßte ihre Kußlippen zusammen und lächelte hochmütig, ihre Augen blitzten schelmisch, liebevoll; von den Burschen lachte ihr ein braungebrannter Lockenkopf zu, während seine Finger über die Harmonikaknöpfe hüpften.

Plötzlich stieß auf der Brücke jemand einen Schrei aus, Verwirrung entstand. Die Burschen schlugen Lärm, stürzten zum Dorfrand, alles grölte und johlte in der Dämmerung. Von der Kirche kam Aj-aj gelaufen, den weißen Bart zwischen die Zähne geklemmt; hinter ihm rannten drei breitbrüstige Burschen in knallroten Hemden und brüllten: »Kinder, haltet euch, ergebt euch nicht, die Wygljadowkaer rücken an!«

Mitka gab es einen scharfen Stich ins Herz, seine Kiefer krampften sich zusammen. Er warf sich in das brodelnde Getümmel, traf mit der Faust in wabbliges Fleisch, noch einmal und noch einmal. Er wurde umzingelt, eingeschnürt, wich zurück, um wuchtig auszuholen – doch da brannte es schon wie heißes Eisen auf den Backenknochen; stürzte zu Boden, vor den Augen kreiste es trübrot.

»Abgehauen sind sie ...«, murmelte er und kroch eine Schneewehe entlang. »Fünf gegen einen. Haben mir ein frohes Fest gewünscht.«

Taumelnd schleppte er sich nach Hause. In der dunklen Stube kam ihm Aljonuschka verstört entgegen, umschlang seinen Hals mit ihren weißen Armen, küßte behutsam den brennenden Schmerz. Eingeschläfert von der dämmrigen Stille, beim Klang ferner Glocken, sank Mitka, zärtlich behütet, an Aljonuschkas Brust und seufzte.

»Bei dir bin ich froh, Aljonuschka, du bist gut. Ich hab' so viel durchgemacht, bin immer umhergeirrt, durch die Steppen, und hab' gedacht: Wenn ich doch ein Mädchen hätte, ein liebes, zärtliches Mädchen! Ich hab' nicht gewußt, daß es dich gibt, Aljonuschka, aber ich hatte solch eine Sehnsucht ...«

»Und ich erst«, flüsterte sie und schmiegte sich enger an ihn. »Einmal möchte ich mir alles vom Herzen reden, die Grübeleien, über die ich geweint habe, die schlimmen Gedanken, die Schande ... Und jetzt, Mitka«, fügte sie traurig hinzu und zog die Schultern ein, »tut das Herz wieder weh ...«

»Wie sollte es nicht weh tun!« fuhr Mitka auf. »Bei euch hier fühlt man sich ja wie lebendig begraben, zuerst hat mich richtig das Grauen gepackt. Weißt du was, Aljonuschka? Sowie uns der Onkel verheiratet, hauen wir ab nach Sysran. Der Teufel soll ihn holen mit seinem Geld! Was es dort für Wiesen gibt, was für ein freies Leben! Ach, Liebste!«

Sie waren auf einmal nachdenklich geworden und schwiegen im schläfrigen Schummerlicht. In der Küche knarrte eine Tür, jemand machte sich dort zu schaffen, hüstelte gekünstelt. In den Eisblumen am Fenster schimmerte die blaue Nacht, funkelte der Mond. Vor dem Haus sang jemand, ein Unsichtbarer. Ausgelassenes Schellengeläut sauste vorüber.

* * *

Den ganzen Tag vor dem Dreikönigsfest beschäftigte Kroton Mitka in seinem Kellerladen, als brauchte er ihn. Erst gegen Abend ließ er ihn sich gegenüber Platz nehmen und sagte mit finsterer Miene: »So, nun kannst du gehen, hast genug herumgebummelt, oder willst du dich hier einnisten? Mach schon, der Zug fährt gleich, ich will dich nicht aufhalten.«

Mitka wurden die Knie weich, der Schweiß brach ihm aus; er lächelte verständnislos, kratzte mit den Fingern über den Ladentisch und fragte: »Und was ist mit Aljonuschka? Nach dem Dreikönigsfest sollte die Verlobung sein, dann wäre ich sowieso gefahren …«

»Genug jetzt, laß die Faxen!« knarrte Kroton rauh und winkte heftig ab: »Das war ein Scherz, Bruder, weiter nichts. Von wegen ewig Maulaffen feilhalten – man muß sich auch um seine Geschäfte kümmern! Meine Sachen ziehst du aus – deine Klamotten liegen dort in der Ecke! Mach dich fertig! Die Uhr schenk' ich dir meinethalben, hast mir das Mädchen aufgeheitert, deshalb ist's mir nicht leid drum.«

»So ist das also.«

Mitka erhob sich und begann im Dunkeln herumzuwühlen. Dann hakte er die Uhr ab, knallte sie auf den Ladentisch und rieb sich die Backe. »Da haben Sie, ich danke ergebenst.«

Er fand die Harmonika, wickelte sie sorgsam in ein löchriges Tuch, fuhr seufzend mit dem Ärmel über die Stirn und stellte sich schweigend in den Türrahmen, während Kroton im Laden herumlief und sich die Hände rieb.

»Hast du Gauner dir so gedacht!« fauchte er aus dem Hintergrund. »Nichts ist! Nein, zwanzig Jahre hab' ich sie gehegt und gepflegt, vor den Leuten versteckt, fast hätte mir diese Schande das Herz gebrochen! Mein Schmerz ist vielleicht tausendmal mehr wert als deine Locken, aber das ist zuviel für deinen Verstand. Denk' nicht, der ist ja grauhaarig – ich klammere mich mit allen Zähnen fest an diese Welt, und ich hab' kräftige Zähne, mein Lieber, da! Na, was sagst du? Bist du fertig?«

»Leben Sie wohl, Onkel!« sagte Mitka hohl.

»Leb wohl, mein Sohn!« erwiderte Kroton demütig. »Wir sehen uns zum letzten Mal. Wenn du wiederkommst, dann kenne ich dich nicht.«

Er wischte sich die Augen. Mitka verbeugte sich, drückte ihm einen schmatzenden Kuß auf die Lippen, dann auf die zitternde Hand, drehte sich um und verschwand im Dunkel.

Schwarze Fenster schauten aus dem Haus. In dicken Flocken rieselte der Schnee herab, setzte sich auf Mitkas Schultern. Besinnungslos vor Schmerz lehnte sich Mitka an die Wand und murmelte: »Und wenn ich erfriere, ich werde sie wiedersehen! Ich nehme mir, was mir gehört. Aljonuschka, Liebste!«

Da löste sich eine dunkle Gestalt von der Umzäunung, eilte mit ausgebreiteten Armen auf ihn zu. Mit ahnungsvollem Herzen lief er Aljonuschka entgegen, umfaßte wehmutsvoll die weichen Schultern, blickte in die großen, vom Sternenlicht schwarzen Augen und sagte leise: »Leb wohl, Aljonuschka!«

»Geh nicht fort, Liebster, du mein ein und alles!« flüsterte sie, zog die traurigen Brauen hoch, schlang die Hände um seinen Kopf und schmiegte sich an seine Brust.

»Mitka, ich halt' es nicht aus, verlaß mich nicht …«

»Aljonuschka«, murmelte er mit erstickter Stimme, »ich komme wieder, mein Täubchen, zum Nikolausfest im Frühjahr werd' ich schon durchkommen. Ich geb' dir Nachricht, wir ziehen nach Sysran, da geht's frei zu, und Wiesen gibt's da!«

Er drückte sie fester an sich und lachte gezwungen: »Dreiundvierzig Silberrubel hab' ich gespart, wir schaffen's schon, das wäre ja …«

Aljonuschka brach zusammen, hielt die verweinten Augen geschlossen. Halb von Sinnen und schwer atmend, brachte Mitka sie an die Pforte, vergrub sich zum letzten Mal in die heißen, hilflosen Lippen.

Von den Dreschtennen schaute er zurück. Nichts war zu erkennen, nur der Schneesturm wirbelte über den Lichtern, schlug mit eisigen Nadeln ins Gesicht. Mitka setzte sich hin und legte den Kopf auf die Knie.

»Ach, wie er pfeift, der verdammte Sturm! Verkleistert einem ganz die Augen«, grollte er dumpf und wischte, leise schluchzend, lange mit dem Ärmel über die Augen.

Dann stapfte er weiter im treibenden Schnee. Die Leitungsdrähte sirrten, das Signal von der Bahnstation blinkte als grüner Punkt. Strauchelnd irrte Mitka die verschneiten Fahrspuren entlang. In den trübweißen Schneewehen weinten die Schellen.

Die Flucht nach Ägypten

Im Gedenken seiner Mutter Maria fiel ihm zu der Stunde noch das Ereignis ein, das ihm, dem Fünfjährigen, in der Kindheit zugestoßen war. Zu jener Zeit hatte sich die Familie in Ägypten aufgehalten, wohin sie vor König Herodes geflüchtet war, der nach dem Leben des neugeborenen Kindes, des künftigen Jesus Christus, trachtete, denn Wahrsager hatten verkündet, der König der Juden sei geboren. Damals war der Junge schon herangewachsen, nicht weit entfernt von ihnen floß ein großer wasserreicher Fluß vorüber, vielleicht war es der Nil – groß war der Fluß und breit. Maria war mit dem Knaben dorthin gegangen, Wäsche zu spülen, wie das viele Frauen dieser Gegend taten. An jenem Tag indes, da sie am Fluß waren, legte ein alter Mann an, er begrüßte Maria und ihren Kleinen liebevoll. »Vater!« rief ihm Maria zu. »Willst du meinem Söhnchen nicht erlauben, auf dem Boot zu fahren? Er wünscht sich das so sehr, und er weint, das dumme Kerlchen.« – »Ja doch, Maria«, erwiderte der Alte, »dazu hab' ich doch das Boot hergebracht, damit du darauf den kleinen Jesus ausfahren kannst.« Maria hatte sich nicht gewundert, daß er sie beim Namen kannte, sie hat-

159

te gedacht, er sei einer aus der Umgebung. Doch als sie sich aufraffte, den Alten darum zu bitten, das Ruder zu führen, war der plötzlich verschwunden, als hätte er sich in Luft aufgelöst. Aber auch das verwirrte Maria nicht, hatte doch der Junge so sehr Schiffchen fahren wollen, er rannte überglücklich umher, hüpfte vor Aufregung auf und ab und trieb seine Mutter zur Eile an. Und dann ließ sie die Wäsche auf die Ufersteine fallen, nahm das Söhnchen, setzte ihn ins Boot, band es los und stieß mit dem Ruder ab, sie sprang hinein, setzte sich den Kleinen auf den Schoß, und so trieben sie stromabwärts. Wie wundervoll war es doch, still über das glitzernde Wasser das Ufer entlangzugleiten, sanft schwankte das Schilf in den Untiefen, bunt flimmerten die Blumen, lebhaft lärmten die Vögel in den Büschen, sie sangen und zwitscherten, in der heißen, frischen Luft summten, schwirrten und zirpten die Insekten. Wie herrlich war ihnen doch zumute! Maria stimmte leise ein Lied an, sie war glücklich, und ihr Söhnchen fand das Schiffchenfahren so aufregend. Und dies bereitete Maria noch mehr Freude. Da aber kam Bewegung in den großen Baumstamm, der im seichten Wasser festgelegen hatte – sie waren noch nicht weit abgetrieben und befanden sich in Ufernähe –, Wellen brodelten auf, und der Stamm trieb bedrohlich und ungestüm auf sie zu. Das war ein Riesenkrokodil – seine hervorquellenden Augen richteten sich gierig auf sie beide. Der Junge erschrak und schrie auf, Maria erstarrte und wußte nicht, was sie unternehmen sollte. Das Krokodil schlug mit dem Schwanz und hätte das Boot beinahe umgekippt. Maria ließ das Ruder fahren und drückte ihr Kind fest an sich. »O Herr!« flehte sie. »Er ist es! Dein Sohn Jesus! Von dir erschaffen! Laß ihn nicht im Stich, Herr! Rette ihn!«

Die Frau war so sehr von der Angst gepackt, daß sie bloß die Augen zusammenkneifen und den beschwören konnte, der alles war im Weltenall, den Himmlischen Vater ihres Kindes. »Laß uns nicht im Stich, du wirst ihn noch brauchen!« schrie sie auf. Das Boot indes trieb ohne Steuer weiter und wurde von unten durch das Krokodil angestoßen. Als sich schließlich Maria traute, die Augen zu öffnen, entlud sich aus ihrer Brust ein Freudenschrei – das Boot hatte am Ufer angelegt, als sei es von jemand dorthin gelenkt worden, und das Krokodil hatte kehrtgemacht und schwamm von dannen. Außer sich sprang Maria aus dem Boot, rannte das Ufer entlang, weinend vor Erschütterung und lachend vor Glück. Sie rannte und drückte dabei den Kleinen an sich, bedeckte ihn mit Küssen und Tränen. »Jesus! Jesus! Mein herzallerliebstes Söhnchen! Dich hat der Vater erkannt! Er hat dich gerettet! Er war es, der dich rettete! Er hat dich lieb, du bist Sein heißgeliebter Sohn, Jesus! Du wirst sehr weise sein, Jesus! Du wirst ein Lehrer sein, Jesus! Und den Menschen die Augen öffnen, Jesus! Und sie werden dir nachfolgen, Jesus, und du wirst dich von den Menschen niemals lossagen, niemals, niemals!« So lachte und weinte die »gebenedeite unter den Frauen«.

So jammerte und jubelte sie vor Freude, daß der Gottessohn durch ein Wunder gerettet worden war, und sie ahnte nicht, daß dies ein Zeichen Gottes war, auf daß die Menschen erkennen sollten, wer dieser Knabe Jesus sei, Sohn des Zimmerers Josef, der nach Ägypten geflohen war, um das Neugeborene vor Herodes zu erretten. Denn kaum war Maria aus dem Boot ans Ufer gesprungen und davongerannt, war das Boot entschwunden, es trieb auf dem Fluß dahin, die Frauen aber, die ihre Wäsche am Fluß wuschen und auf ihr Schreien herbeigeeilt waren, haben später bezeugt: Während sie mit dem Kleinen im Arm daherlief, war um ihren Kopf ein goldenes Leuchten zu sehen. Und alle waren glücklich und bis zu Tränen gerührt, als sich der kleine Jesus zärtlich an die Mutter preßte, ihren Hals umschlang und im Atem der Mutter sagte: »Mama, wenn ich groß bin, will ich das Krokodil am Schwanz packen, daß es uns nicht mehr angst macht!« Alle hatten über die Kinderworte gelacht, aber dann versuchten sie herauszufinden, wem denn das Boot gehörte. Da stellte es sich heraus, daß keiner ringsum diesen Menschen kannte, und danach sah ihn auch niemand wieder. Viele Tage lang versuchte der Zimmerer Josef, den rätselhaften Bootsmann ausfindig zu machen, um sich bei ihm zu entschuldigen und ihm den Verlust zu ersetzen, aber auch er konnte ihn nicht finden …

ANTON TSCHECHOW

Knaben

Wolodja ist gekommen!« rief jemand im Hof.

»Der junge Herr Woloditschka ist gekommen!« kreischte Natalja und lief ins Speisezimmer. »Ach du lieber Gott!«

Die ganze Familie Koroljow, die von Stunde zu Stunde auf ihren Wolodja gewartet hatte, stürzte zu den Fenstern. Vor dem Tor hielt ein breiter Schlitten, und von dem Dreigespann weißer Pferde stieg dichter Dampf auf. Der Schlitten war leer, weil Wolodja schon im Flur stand und sich mit roten, durchfrorenen Fingern die Kapuze aufband. Sein Gymnasiastenmantel, seine Mütze, seine Galoschen und sein Haar an den Schläfen waren mit Reif bedeckt, und vom Kopf bis zu den Füßen verbreitete er einen so schmackhaften Frostgeruch, daß man, wenn man ihn sah, am liebsten gefroren und »brrr!« gerufen hätte. Die Mutter und die Tante eilten herbei, um ihn zu umarmen und zu küssen; Natalja warf sich ihm zu Füßen und begann, ihm die Filzstiefel auszuziehen; die Schwestern erhoben ein Geheul; die Türen knarrten und schlugen zu, und Wolodjas Vater, in Hemdärmeln und eine Schere in der Hand, lief in die Diele und rief geängstigt:

»Wir haben dich schon gestern erwartet! War die Fahrt angenehm? Hast du sie gut überstanden? Herr Gott, lasst ihn doch seinen Vater begrüßen! Bin ich etwa nicht sein Vater, wie?«

»Wau, wau!« bellte im Bass Mylord, der riesige schwarze Hund, während er mit dem Schweif auf Wände und Möbelstücke schlug.

Alles verschmolz zu einem einzigen frohen Gelärme, das etwa zwei Minuten dauerte. Als der erste Freudenausbruch vorüber war, bemerkte die Familie Koroljow, daß außer Wolodja noch ein kleiner Mensch in der Diele stand, in Tücher, Schals und Kapuzen gewickelt und mit Reif bedeckt; regungslos stand er in der Ecke, in dem Schatten, den ein großer Fuchspelz warf.

»Wer ist denn das, Woloditschka?« fragte die Mutter flüsternd.

»Ach!« besann sich Wolodja. »Ich habe die Ehre, vorzustellen: hier mein Kollege Tschetschewizyn, Schüler der zweiten Klasse. Ich habe ihn als Gast mitgebracht.«

»Sehr angenehm, seien Sie herzlich willkommen!« sagte der Vater freudig. »Entschuldigen Sie, ich bin in häuslichem Aufzug, ohne Jacke ... Bitte sehr! Natalja, hilf Herrn Tschetschewizyn beim Ausziehen. Ach, du lieber Himmel, so jagt doch diesen Hund davon! Er ist die reine Gottesgeißel!«

Kurz darauf saßen Wolodja und sein Freund Tschetschewizyn, betäubt von dem lärmenden Empfang und noch immer rosig vor Kälte, bei Tisch und tranken Tee.

Die Wintersonne drang durch den Schnee und die Eisblumenmuster an den Fenstern, zitterte auf dem Samowar und badete ihre reinen Strahlen in der Spülschale. Im Zimmer war es warm, und die Knaben fühlten, wie in ihren durchfrorenen Körpern Wärme und der Frost einander kitzelten und einander nicht nachgeben wollten.

»Nun, jetzt haben wir bald Weihnachten!« sagte in singendem Tonfall der Vater, während er sich aus dunkelrötlichem Tabak eine Zigarette drehte. »Und es ist gar nicht lange her, daß es Sommer war und daß deine Mutter weinte, als sie Abschied von dir nehmen mußte. Und jetzt bist du wieder da ... Die Zeit vergeht rasch, mein Lieber! ›Hatt' Zeit nicht, daß man den Mund auftu', und schon kommt das Alter auf einen zu.‹ Herr Tschibissow, essen Sie, ich bitte Sie, genieren Sie sich nicht! Bei uns gibt's keine Zeremonien.«

Die drei Schwestern Wolodjas, Katja, Sonja und Mascha – die älteste von ihnen war elf Jahre alt –, saßen beim Tisch und verwandten keinen Blick von ihrem neuen Bekannten. Tschetschewizyn war von gleichem Alter und Wuchs wie Wolodja, aber nicht so üppig und blaß, sondern mager, dunkelhäutig und mit Sommersprossen übersät. Er hatte borstiges Haar, schmale Augen, dicke Lippen, überhaupt sah er sehr unhübsch aus, und hätte er nicht Gymnasiastenuniform getragen, man hätte ihn nach dem Äußeren für den Sohn einer Köchin halten können. Er war mürrisch, schwieg immerzu und lächelte nie. Als die Mädchen ihn zu Gesicht bekamen, dachten sie sogleich, dies müsse wohl ein sehr kluger und gelehrter Mensch sein. Er sann die ganze Zeit über etwas nach und war so sehr mit seinen Gedanken beschäftigt, daß er, wenn man ihn etwas fragte, zusammenzuckte, den Kopf schüttelte und bat, man möge die Frage wiederholen.

Die Mädchen hatten bemerkt, daß auch Wolodja, sonst immer fröhlich und gesprächig, diesmal wenig redete, überhaupt nicht lächelte und nicht einmal froh darüber zu sein schien, daß er nach Hause gekommen war. Während sie beim Tee saßen, wandte er sich ein einziges Mal an die Schwestern, und auch das waren sonderbare Worte. Er wies mit dem Finger auf den Samowar und sagte: »Aber in Kalifornien trinkt man nicht Tee, sondern Gin.«

Auch er hing irgendwelchen Gedanken nach, und nach den Blicken zu schließen, die er von Zeit zu Zeit mit seinem Freund Tschetschewizyn tauschte, waren diese Gedanken beiden Knaben gemeinsam.

Nach dem Tee gingen alle ins Kinderzimmer. Der Vater und die Mädchen setzten sich zum Tisch und widmeten sich von neuem der Arbeit, die durch die Ankunft der Knaben unterbrochen worden war. Sie verfertigten aus buntem Papier Blumen und Fransen für den Weihnachtsbaum. Das war eine anziehende, geräuschvolle Beschäftigung. Jede neuverfertigte Blume wurde von den Mädchen begeistert begrüßt, ja sogar mit Rufen des Er-

166

schauerns, als ob diese Blume vom Himmel gefallen wäre; auch der liebe Papa geriet in Entzücken, warf aber manchmal die Schere zu Boden, aus Ärger darüber, daß sie stumpf war. Mama kam mit höchst sorgenvollem Gesicht ins Kinderzimmer gelaufen und fragte: »Wer hat meine Schere? Hast du mir schon wieder die Schere genommen, Iwan Nikolajitsch?«

»O Herr und Gott, nicht einmal eine Schere bekommt man hier!« antwortete Iwan Nikolajitsch mit weinerlicher Stimme, lehnte sich auf seinem Stuhl zurück und nahm die Pose eines beleidigten Menschen an, doch nach einer Minute war er wieder eitel Entzücken.

Bei seinen bisherigen Besuchen daheim hatte sich Wolodja ebenfalls an den Vorbereitungen für den Christbaumschmuck beteiligt, oder war in den Hof gelaufen, um zuzusehen, wie der Kutscher und der Hirte einen Schneehügel aufbauten, aber jetzt schenkten er und Tschetschewizyn dem bunten Papier keine Beachtung und gingen kein einziges Mal in den Stall, sondern saßen am Fenster und flüsterten miteinander; dann schlugen sie gemeinsam den Atlas auf und betrachteten eine der Karten.

»Zuerst nach Perm ...«, sprach Tschetschewizyn leise. »Dann nach Tjumen ... dann Tomsk ... dann ... dann ... nach Kamtschatka ... Von dort werden uns die Samojeden in Kähnen über die Beringstraße fahren ... und da hast du auch schon Amerika ... Dort gibt es viele Pelztiere.«

»Und Kalifornien?« fragte Wolodja.

»Kalifornien liegt weiter unten ... Wenn wir einmal in Amerika sind, ist Kalifornien nicht mehr sehr weit. Unsere Nahrung können wir uns durch Jagd und Raub beschaffen.«

Tschetschewizyn wich den Schwestern seines Freundes den ganzen Tag aus und warf ihnen scheele Blicke zu. Nach dem Abendtee geschah es, daß man ihn für etwa fünf Minuten mit den Mädchen allein ließ. Es war peinlich zu schweigen. Hart räusperte er sich, strich sich mit der rechten Handfläche über die linke Hand, blickte Katja finster an und fragte: »Haben Sie den ›Lederstrumpf‹ gelesen?«

»Nein ... Hören Sie, können Sie Schlittschuh laufen?«

In seine Gedanken versunken, beantwortete Tschetschewizyn diese Frage nicht, sondern blies nur die Bakken auf und gab einen Seufzer von sich, als wäre ihm sehr heiß. Noch einmal hob er den Blick zu Katja und sagte: »Wenn eine Bisonherde über die Pampas läuft, zittert die Erde, während die Mustangs scheuen, ausfetzen und wiehern.«

Tschetschewizyn lächelte traurig und fügte hinzu: »Und die Indianer überfallen Eisenbahnzüge. Am schlimmsten aber sind die Moskitos und die Termiten.«

»Was ist denn das?«

»Eine Art Ameisen, nur mit Flügeln. Sie beißen sehr heftig. Wissen Sie, wer ich bin?«

»Herr Tschetschewizyn.«

168

»Nein ... Ich bin Montigomo Habichtskralle, der Häuptling der Unbesiegten.«

Die völlig unverständlichen Worte Tschetschewizyns und der Umstand, daß er ständig mit Wolodja zu flüstern hatte und daß Wolodja nicht spielte, sondern immer über etwas nachdachte – all das schien den Mädchen rätselhaft und seltsam. Die beiden älteren, Katja und Sonja, begannen mit scharfem Blick die Knaben zu beobachten. Als die Jungen am Abend in ihr Zimmer gegangen waren, stahlen sich die Mädchen zur Tür und belauschten das Gespräch. Oh, was sie da erfuhren! Die Knaben hatten den Plan, nach Amerika zu fliehen und dort Gold zu suchen; für die Reise war schon alles bereit: eine Pistole, zwei Messer, Zwieback, ein Vergrößerungsglas zum Feuermachen, ein Kompaß und vier Rubel Bargeld. Sie erfuhren, daß die Knaben einige tausend Werst zu Fuß zurücklegen und unterwegs mit Tigern und mit Wilden kämpfen mußten; dann galt es, Gold und Elfenbein zu gewinnen, Feinde zu töten, Seeräuber zu werden, Gin zu trinken und endlich schöne Frauen zu heiraten und Plantagen zu bewirtschaften. Wolodja und Tschetschewizyn redeten und unterbrachen einander immer wieder in ihrem Eifer. Sich selbst nannte Tschetschewizyn dabei »Montigomo Habichtskralle«, und für Wolodja hatte er den Namen: »mein bleichgesichtiger Bruder«.

»Paß auf, daß du Mama nichts verrätst«, sprach Katja zu Sonja, als sie mit ihr zu Bett ging. »Wolodja wird uns aus Amerika Gold und Elfenbein mitbringen, und wenn du Mama etwas sagst, läßt man ihn nicht fort.«

Am Tag vor dem Heiligen Abend studierte Tschetschewizyn den ganzen Tag die Karte Asiens und machte sich Notizen, während Wolodja matt, mit geschwollenem Gesicht, als hätte ihn eine Biene gestochen, düster durch die Zimmer schritt und nichts aß.

Einmal blieb er sogar vor dem Heiligenbild im Kinderzimmer stehen, bekreuzigte sich und sagte: »O Herr, vergib mir meine Sünden! O Herr, beschütze meine arme, unglückliche Mama!«

Gegen Abend brach er in Tränen aus. Als er schlafen ging, umarmte er lange Zeit seinen Vater, die Mutter und die Schwestern. Katja und Sonja wußten, was los war, aber Mascha, die jüngste, verstand nichts, entschieden gar nichts.

Am Heiligen Abend standen Katja und Sonja frühmorgens leise auf und gingen, um zuzusehen, wie die Knaben nach Amerika entfliehen würden. Sie schlichen sich zu der Tür.

»Du willst also nicht mitkommen?« fragte Tschetschewizyn zornig. »Sag: Kommst du mit?«

»O Gott!« weinte Wolodja leise. »Wie soll ich denn mitkommen? Mir tut Mama so leid!«

»Mein bleichgesichtiger Bruder, ich bitte dich: Komm mit! Du hast doch versprochen mitzukommen und mich selbst verlockt, und wenn es Ernst wird, wirst du feige?«

»Ich ..., ich bin nicht feige, aber mir ..., mir tut Mama leid.«

»Sprich: Kommst du mit oder nicht?«

»Ich komme mit, nur ... nur warte ein wenig. Ich möchte noch eine Zeit zu Hause bleiben.«

»Dann gehe ich allein!« entschied Tschetschewizyn. »Ich schlage mich schon ohne dich durch. Und du wolltest Tiger jagen und kämpfen! Wenn das so ist, gib mir meine Zündstifte zurück!«

Wolodja brach in Tränen aus; er weinte so bitterlich, daß die Schwestern es nicht aushielten und ebenfalls weinten. Stille trat ein.

»Du kommst also nicht?« fragte Tschetschewizyn noch einmal.

Ich ko ... komme.«

»Dann zieh dich an!«

Und um Wolodja zu überreden, pries Tschetschewizyn Amerika, brüllte wie ein Tiger, ahmte einen Dampfer nach, fluchte und versprach, alles Elfenbein und alle Löwen- und Tigerfelle Wolodja zu überlassen.

Dieser magere, dunkelhäutige Junge mit dem borstigen Haar und den Sommersprossen erschien den Mädchen ungewöhnlich und bemerkenswert. Das war ein Held, ein entschlossener, furchtloser Mensch, und er brüllte so, daß man, wenn man vor der Tür stand, wahrhaftig hätte glauben können, er sei ein Tiger oder Löwe.

Als die Mädchen in ihr Zimmer zurückgekehrt waren und sich ankleideten, sagte Katja, die Augen voll Tränen: »Ach, ich habe solche Angst!«

Bis zwei Uhr, als man sich zu Tisch setzte, war alles

ruhig, aber beim Essen stellte sich plötzlich heraus, daß die Knaben nicht zu Hause waren. Man schickte ins Gesindehaus, in den Stall, in das Nebengebäude zu dem Verwalter – die beiden waren nirgends. Man fragte im Dorf nach und fand sie auch dort nicht. Auch den Tee nahmen sie später ohne die Knaben ein, und als sie sich zum Abendessen setzten, war Mama sehr beunruhigt; sie weinte sogar. Nachts suchten sie abermals im Dorf und gingen mit Laternen an den Fluß. O Gott, was für ein Durcheinander das war!

Am nächsten Tag kam der Landpolizist und schrieb im Speisezimmer etwas auf.

Die liebe Mama weinte.

Doch da stand ein großer Schlitten vor der Freitreppe, und von dem Dreigespann weißer Pferde stieg Dampf auf.

»Wolodja ist gekommen!« rief jemand im Hof.

»Der junge Herr Woloditschka ist gekommen!« kreischte Natalja und lief ins Speisezimmer.

Und Mylord begann im Baß zu bellen: »Wau! Wau!« Es stellte sich heraus, daß man die Knaben in der Stadt, in einem Gasthof, festgehalten hatte – dort waren sie nämlich umhergegangen und hatten überall gefragt, wo Pulver verkauft werde. Sobald Wolodja in die Diele trat, schluchzte er und fiel der Mutter um den Hals, die Mädchen dachten, zitternd vor Entsetzen, daran, was jetzt geschehen werde; sie hörten, wie der liebe Papa Wolodja und Tschetschewizyn in sein Arbeitszimmer führte, wo

172

er lange mit ihnen sprach; und auch die Mama sprach und weinte.

»Ist denn so etwas möglich?« redete Papa den Jungen ins Gewissen. »Verhüte Gott, daß man es im Gymnasium erfährt, sonst schließt man euch aus. Und Sie sollten sich schämen, Herr Tschetschewizyn! Das ist nicht gut, mein Freund! Sie sind der Rädelsführer, und ich hoffe, daß Sie von Ihren Eltern bestraft werden. Ist denn so etwas möglich? Wo habt ihr übernachtet?«

»Im Bahnhof!« erwiderte Tschetschewizyn stolz.

Wolodja lag dann im Bett, und man legte ihm ein in Essig getränktes Tuch auf den Kopf. Ein Telegramm wurde abgeschickt, und am nächsten Tag kam eine Dame, Tschetschewizyns Mutter, und führte ihren Sohn fort.

Als Tschetschewizyn wegfuhr, war sein Gesicht hart und anmaßend, und beim Abschied von den Mädchen sprach er kein einziges Wort; er nahm nur Katjas Heft und schrieb zur Erinnerung hinein: »Montigomo Habichtskralle.«

Eine Schreckensnacht

Iwan Petrowitsch Gräbermann wurde ganz blaß, schraubte die Lampe niedrig und begann in aufgeregtem Tone zu erzählen: »Dichte, schwarze Finsternis hing über der Erde, als ich in der Nacht vor Weihnachten 1883 von einem jetzt verstorbenen Freunde, bei dem wir alle einer spiritistischen Sitzung beigewohnt hatten, nach meiner Wohnung zurückkehrte. Die Gassen, durch die ich hinschritt, waren nicht beleuchtet, und ich mußte mich fast nur mittels des Tastsinnes zurechtfinden. Ich wohnte in Moskau bei der ›Mariä-Himmelfahrtskirche auf dem Gottesacker‹, im Hause des Beamten Leichner, also in einer der ödesten Gegenden des Arbatschen Stadtteiles. Schwere und niederdrückende Gedanken beschäftigten mich während des Heimweges.

›Dein Leben nähert sich dem Ende ... Tue Buße ...‹

Dies war der Satz, den bei der Sitzung Spinoza zu mir gesprochen hatte, dessen Geist zu zitieren uns gelungen war. Ich hatte um eine Wiederholung des Satzes gebeten, und das Schüsselchen hatte ihn nicht nur wiederholt, sondern sogar noch hinzugefügt: ›Heute Nacht.‹ Ich glaube an den Spiritismus nicht; aber der Gedanke an den

Tod, ja, schon eine Hindeutung auf ihn, versetzen mich in trübe Stimmung. Der Tod, meine Herrschaften, ist etwas Unvermeidliches, etwas Alltägliches; aber nichtsdestoweniger ist der Gedanke an ihn der menschlichen Natur zuwider ... Und jetzt gar, wo undurchdringliche, kalte Finsternis mich umgab und die Regentropfen vor meinen Augen in tollem Wirbel rasten und über mir der Wind kläglich stöhnte, jetzt, wo ich ringsumher keine lebende Seele sah und keinen menschlichen Laut hörte, erfüllte eine undefinierbare, unbeschreibliche Furcht mein Herz. Obgleich ich ein vorurteilsfreier Mensch bin, hastete ich doch vorwärts und fürchtete mich, seitwärts zu blicken oder mich umzusehen. Ich hatte die Vorstellung, wenn ich mich umsähe, so würde ich mit Sicherheit den Tod in Gestalt eines Gespenstes erblicken.«

In heftiger Erregung seufzte Gräbermann auf, trank einen Schluck Wasser und fuhr dann fort.

»Diese undefinierbare, aber Ihnen gewiß verständliche Angst verließ mich auch dann nicht, als ich zum vierten Stockwerke des Leichnerschen Hauses hinaufgestiegen war, die Tür aufschloß und in mein Zimmer eintrat. In meiner bescheidenen Wohnung war es dunkel. Im Ofen wimmerte der Wind und klopfte, als heische er Einlaß in den warmen Raum, an die Luftklappe.

›Wenn man Spinoza Glauben schenken darf‹, sagte ich lächelnd vor mich hin, ›so muß ich heute Nacht bei diesem Klageliede des Windes sterben. Das ist doch ein drückendes Gefühl!‹

Ich strich ein Zündholz an ... Ein wütender Windstoß lief über das Hausdach hin. Das leise Klagelied verwandelte sich in ein zorniges Gebrüll. Unten irgendwo klappte ein zur Hälfte aufgerissener Fensterladen, und die Luftklappe meines Ofens winselte kläglich um Hilfe ...

Traurig, wer in einer solchen Nacht ohne Obdach ist, dachte ich.

Aber ich hatte keine Zeit, mich solchen Betrachtungen hinzugeben. Als an meinem Streichholze der Schwefel mit bläulichem Flämmchen aufbrannte und ich einen flüchtigen Blick durch mein Zimmer warf, bot sich mir ein unerwarteter und furchtbarer Anblick dar ... Wie schade, daß der Windstoß nicht mein Streichholz erreicht hatte! Dann hätte ich vielleicht nichts gesehen, und meine Haare hätten sich nicht vor Schrecken aufgerichtet. Ich schrie auf, tat einen Schritt nach der Tür zu und schloß vor Bestürzung, Entsetzen und sinnloser Angst die Augen ...

Mitten in meinem Zimmer stand ein Sarg.

Das blaue Flämmchen hatte nicht lange gebrannt; aber ich hatte doch Zeit gehabt, die Umrisse des Sarges deutlich zu erkennen. Ich hatte den rosa, von Flittern glitzernden Glanzstoff gesehen sowie das Kreuz aus Goldtresse auf dem Deckel. Es gibt Dinge, meine Herrschaften, die sich dem Gedächtnisse einprägen, selbst wenn man sie nur einen einzigen Augenblick gesehen hat. So war es auch mit diesem Sarge. Nur eine Sekunde lang hatte ich ihn gesehen; aber noch heute erinnere ich mich seiner in den kleinsten Einzelheiten. Es war ein Sarg für einen mittelgroßen Menschen, und zwar, nach der rosa Farbe zu urteilen, für ein junges Mädchen. Der teure Glanzstoff, die kostbaren Füße, die Bronzegriffe, alles sprach dafür, daß die Verstorbene reich gewesen war.

Hals über Kopf lief ich aus meinem Zimmer hinaus und eilte, ohne zu denken und zu überlegen, nur von einer unaussprechlichen Angst getrieben, die Treppe hinab. Auf dem Flur und der Treppe war es dunkel; meine Beine verwickelten sich in den Schößen meines Pelzes, und daß ich nicht hinunterstürzte und mir das Genick brach, war ein wahres Wunder. Auf der Straße lehnte ich mich an einen nassen Laternenpfahl und rang nach Fassung. Mein Herz schlug furchtbar; ich konnte kaum atmen ...«

Eine der Zuhörerinnen drehte die Lampe höher und rückte näher an den Erzähler heran; letzterer fuhr fort: »Ich hätte mich nicht gewundert, wenn ich in meinem Zimmer eine Feuersbrunst, einen Dieb, einen tollen Hund vorgefunden hätte ... Ich hätte mich nicht gewundert, wenn die Zimmerdecke niedergestürzt, der Fußboden durchgebrochen, die Wände zusammengefallen wären ... All so etwas ist natürlich und verständlich. Aber wie war ein Sarg in mein Zimmer hineingeraten? Wo war er hergekommen? Ein teurer Sarg, offenbar für ein junges weibliches Wesen aus der Aristokratie verfertigt, wie hatte der in die dürftige Stube eines kleinen Beamten hineingeraten können? War er leer, oder lag in ihm ein Leichnam? Wer war sie, diese frühzeitig aus dem Leben geschiedene reiche Dame, die mir einen so seltsamen und schrecklichen Besuch abstattete? Qualvolles Rätsel!

Mir fuhr der Gedanke durch den Kopf: Wenn dies nicht ein Wunder ist, so liegt ein Verbrechen vor.

Ich erschöpfte mich in Mutmaßungen. Die Tür war während meiner Abwesenheit verschlossen gewesen, und der Platz, wo sich der Schlüssel befand, war nur meinen nächsten Freunden bekannt. Aber Freunde konnten mir doch keinen Sarg hinstellen. Denkbar war auch, daß der Sarg von den Leuten eines Sargfabrikanten irrtümlich zu mir gebracht war. Sie konnten sich versehen haben, sich in der Etage oder in der Tür geirrt und den Sarg an eine falsche Stelle getragen haben. Aber wer wüßte nicht, daß solche Leute nicht aus dem Zimmer gehen, ehe sie nicht die Bezahlung für ihre Arbeit oder wenigstens ein Trinkgeld erhalten haben?

Die Geister haben mir den Tod vorausgesagt, dachte ich. Haben sie sich vielleicht schon die Mühe gemacht, mich rechtzeitig mit einem Sarge zu versorgen?

Meine Herrschaften, ich bin und war kein Anhänger des Spiritismus; aber ein solches Zusammentreffen kann selbst einen Philosophen in mystische Seelenstimmung versetzen.

Aber das ist ja lauter Dummheit, und ich bin ängstlich wie ein Schuljunge, sagte ich schließlich bei mir. Es ist eine optische Täuschung gewesen, weiter nichts! Auf dem Heimwege bin ich so trübselig gestimmt gewesen, daß es kein Wunder ist, wenn meine kranken Nerven einen Sarg sahen ... Jedenfalls eine optische Täuschung! Was denn sonst?

Der Regen schlug mir ins Gesicht, und der Wind zerrte ingrimmig an den Schößen meines Pelzes und an meiner Mütze ... Ich fror und wurde völlig durchnäßt. Ich mußte gehen ... aber wohin? Sollte ich in meine Wohnung zurückkehren? Damit hätte ich mich der Gefahr ausgesetzt, den Sarg noch einmal zu erblicken; und das wäre über meine Kraft gegangen. Wenn ich keine lebende Seele um mich sah, keinen menschlichen Laut hörte und allein, ganz allein mit dem Sarge blieb, in dem vielleicht ein Leichnam lag, so konnte ich den Verstand verlieren. Aber auf der Straße zu bleiben, im strömenden Regen und in der Kälte, war unmöglich.

Ich beschloß, mich zu meinem Freunde Todt zu begeben und bei ihm zu übernachten. Er hat sich, wie Ihnen bekannt ist, später erschossen. Damals hatte er ein möbliertes Zimmer in dem Hause des Kaufmanns Schädler inne, in der Leichengasse.«

Gräbermann wischte sich den kalten Schweiß ab, der ihm auf das bleiche Gesicht getreten war, und fuhr schwer aufseufzend fort: »Ich traf meinen Freund nicht zu Hause. Nachdem ich an seine Tür geklopft und mich überzeugt hatte, daß er nicht da war, tappte ich auf der Schwelle nach dem Schlüssel, schloß die Tür auf und trat ein. Ich zog meinen nassen Pelz aus und ließ ihn auf den Fußboden fallen; dann tastete ich mich im Dunkeln nach dem Sofa hin und setzte mich, um mich zu erholen. Es war finster. In dem Ventilationsfenster pfiff melancholisch der Wind. Am Ofen zirpte ein Heimchen sein eintöniges Lied. Im Kreml läutete die Glocke zur Weihnachtsfrühmesse. Ich beeilte mich, ein Zündholz anzustreichen. Aber das Licht befreite mich nicht von meiner traurigen Stimmung, im Gegenteil: Ein furchtbarer, unsäglicher Schreck ergriff mich von neuem ... Ich schrie auf, erhob mich taumelnd und stürzte, fast bewußtlos, aus dem Zimmer.

In dem Zimmer meines Kollegen hatte ich dasselbe gesehen wie in dem meinigen: einen Sarg!

Der Sarg meines Kollegen war fast noch einmal so groß wie der meinige, und die braune Bekleidung verlieh ihm ein besonders trauriges Aussehen. Wie war er hierhergekommen? Daß es eine optische Täuschung war, daran konnte ich nicht mehr zweifeln ... Es konnte doch nicht in jedem Zimmer ein Sarg sein! Offenbar war dies eine Krankheit meiner Nerven, eine Halluzination. Ich mochte jetzt kommen, wohin ich wollte, ich hätte überall die furchtbare Behausung des Todes vor mir gesehen. Folglich verlor ich den Verstand, ich war an einer Art Sarg-Manie erkrankt, und nach der Ursache meiner Geisteszerrüttung brauchte ich nicht lange zu suchen: Ich brauchte mich nur an die spiritistische Sitzung und die Worte Spinozas zu erinnern ...

Ich verliere den Verstand! dachte ich entsetzt und griff nach meinem Kopfe. Mein Gott! Was soll ich nur anfangen?!

Der Kopf wollte mir platzen; die Knie knickten mir ein ... Ich stand auf der Straße; der Regen strömte wie aus Eimern herab, der Wind blies beinahe durch mich hindurch, und ich hatte weder den Pelz an noch die Mütze auf. Nach dem Zimmer meines Freundes zurückzukehren, um sie zu holen, das kam nicht in Frage, das wäre über meine Kräfte gegangen ... Die Furcht hielt mich eng und fest in ihre kalten Arme geschlossen. Meine Haare sträubten sich, kalter Schweiß strömte über mein Gesicht, obgleich ich an eine Halluzination glaubte.«

»Was war zu tun?« fuhr Gräbermann fort. »Ich kam von Sinnen und lief Gefahr, mich furchtbar zu erkälten. Zum Glück fiel mir ein, daß nicht weit von der Leichengasse ein guter Freund von mir wohnte, ein Arzt (beiläufig: er ist erst vor kurzem gestorben); er hieß Kirchhoff und war mit mir in jener Nacht bei der spiritistischen Sitzung anwesend gewesen. Zu dem eilte ich hin ... Er war damals noch nicht mit einer reichen Kaufmannstochter verheiratet, sondern wohnte in einem Hotel garni im fünften Stockwerk eines Hauses, das dem Staatsrat Sterbhausen gehörte.

Bei Kirchhoff war es meinen Nerven beschieden, noch eine neue Marter zu erdulden. Als ich zum fünften Stockwerk hinaufstieg, hörte ich einen schrecklichen Lärm. Oben lief jemand mit heftigen Schritten und schlug mit den Türen.

Dann erscholl ein durchdringendes Geschrei: ›Hilfe, Hilfe, Hausknecht!‹

Einen Augenblick darauf stürmte die Treppe hinab eine dunkle Gestalt im Pelz mit zerdrücktem Zylinderhut mir entgegen ...

›Kirchhoff!‹ rief ich, als ich meinen Freund Kirchhoff erkannte. ›Sie sind es? Was ist Ihnen?‹

Kirchhoff blieb bei mir stehen und packte mich krampfhaft am Arm. Er war blaß, atmete nur mühsam und zitterte. Seine Augen fuhren wild umher, seine Brust keuchte ...

›Sind Sie es, Gräbermann?‹ fragte er mit hohler Stimme. ›Aber sind Sie es auch wirklich? Sie sehen so bleich aus, wie ein dem Grabe Entstiegener ... Hören Sie, sind Sie nicht vielleicht auch nur eine Vision? ... Mein Gott ... Sie sehen schrecklich aus ...‹

›Aber was ist mit Ihnen? Ihr Gesicht ist ja ganz entstellt?‹

›Ach, lassen Sie mich nur erst zu Atem kommen, Teuerster ... Ich freue mich, Sie getroffen zu haben, wenn Sie es wirklich sind und nicht bloß eine optische Täuschung. Die verfluchte spiritistische Sitzung ... Sie hat meine Nerven so zerrüttet, daß ich, denken Sie nur, soeben bei meiner Rückkehr nach Hause in meinem Zimmer einen Sarg gesehen habe!‹

Ich traute meinen Ohren nicht und bat ihn, es noch einmal zu sagen.

›Einen Sarg, einen wirklichen Sarg!‹ sagte der Doktor und setzte sich erschöpft auf eine Treppenstufe. ›Ich bin keine Memme; aber da würde ja der leibhaftige Teufel erschrecken, wenn er nach einer spiritistischen Sitzung im Dunkeln gegen einen Sarg anrennte!‹

Verwirrt und stotternd erzählte ich dem Doktor von den Särgen, die ich selbst gesehen hatte.

Mit weit aufgerissenen Augen, den Mund vor Verwunderung öffnend, sahen wir einander eine Minute lang an. Dann begannen wir, um uns zu überzeugen, daß wir nicht phantasierten, uns wechselseitig zu kneifen.

›Wir empfinden beide Schmerz‹, sagte der Doktor, ›folglich schlafen wir jetzt nicht und träumen nicht etwa nur voneinander. Somit sind die Särge, der meinige und Ihre beiden, keine optische Täuschung, sondern etwas wirklich Existierendes. Was sollen wir nun machen, bester Freund?‹

Nachdem wir eine volle Stunde auf der kalten Treppe gestanden und uns in allen möglichen Vermutungen und Hypothesen erschöpft hatten, froren wir entsetzlich und beschlossen, die kleinmütige Furcht abzuschütteln, den Kellner zu wecken und mit ihm in das Zimmer des Arztes zu gehen. Dies führten wir auch aus. Beim Eintritt in das Zimmer zündeten wir eine Kerze an und erblickten wirklich einen Sarg, mit weißem Glanzstoff bekleidet, mit goldenen Fransen und Quasten. Der Kellner bekreuzte sich fromm.

›Jetzt können wir feststellen‹, sagte der bleiche Doktor, am ganzen Leibe zitternd, ›ob dieser Sarg leer ist, oder ob er ... einen Bewohner beherbergt.‹

Nach einem langen, sehr begreiflichen Zaudern bückte sich der Doktor und riß, vor ängstlicher Erwartung die Zähne zusammenbeißend, den Deckel vom Sarge. Wir blickten in den Sarg hinein und ...

Der Sarg war leer.

Ein Toter lag nicht darin; aber statt dessen fanden wir in ihm einen Brief folgenden Inhalts:

›Lieber Kirchhoff! Du weißt, daß die Vermögensverhältnisse meines Schwiegervaters schrecklich zerrüttet sind. Er steckt bis an den Hals in Schulden. Morgen oder übermorgen wird sein Vermögen mit Beschlag belegt werden, und dies wird seine Familie sowie die meinige völlig zugrunde richten. In dem gestrigen Familienrate haben wir beschlossen, alle wertvollen und kostbaren Besitzgegenstände zu verbergen. Da die Habe meines Schwiegervaters in Särgen besteht (er ist, wie Du weißt, der größte Sargfabrikant der Stadt), so haben wir uns dafür entschieden, die besten Särge zu verstecken. Ich wende mich an Dich als meinen Freund: Hilf mir und rette unser Vermögen. In der Hoffnung, daß Du uns behilflich sein wirst, uns unser Eigentum zu erhalten, sende ich Dir, liebster Freund, einen Sarg, den ich Dich bitte in Deiner Wohnung zu verstecken und bis zur Rückforderung aufzubewahren. Ohne die Hilfe unserer Bekannten und Freunde sind wir ruiniert. Ich hoffe, Du wirst mir meine Bitte nicht abschlagen, namentlich da der Sarg bei Dir nicht länger als eine Woche stehen wird. Allen, die ich für unsere wahren Freunde halte, habe ich je einen Sarg

zugesandt und setze meine Hoffnung auf ihre hochher-
zige und edle Denkweise.

Dein Dich liebender Iwan Tscheljustin‹

Nach diesen Erlebnissen befand ich mich wegen eines
Nervenschocks drei Monate in ärztlicher Behandlung;
unser Freund aber, der Schwiegersohn des Sargfabrikanten, hatte sein Vermögen gerettet; er hat jetzt ein Beerdi-
gungskontor und handelt mit Grabdenkmälern und
Grabsteinen. Sein Geschäft geht nicht besonders gut, und
jeden Abend, wenn ich zu mir nach Hause komme, fürchte ich jetzt immer, neben meinem Bette ein weißes Mar-
mordenkmal oder eine prächtige Bahre zu erblicken.«

Autoren- und Quellennachweis

Dschingis Aitmatow
12. 12. 1928 in Scheker geboren;
10. 06. 2008 in Nürnberg gestorben.
Kirgisisch-sowjetischer Schriftsteller.
S. 159: Die Flucht nach Ägypten (Überschrift vom Hg.). Übersetzt von Friedrich Hitzer.
Aus: Dschingis Aitmatow: Der Richtplatz, Unionsverlag, Zürich 1987.

Iwan Alexejewitsch Bunin
22. 10. 1870 in Woronesch geboren;
08. 11. 1953 in Paris gestorben.
1933 Nobelpreis für Literatur.
S. 113: Weihnachtstage (Überschrift vom Hg.).
Aus: Iwan Bunin: Das Dorf. Frühe Erzählungen. Mit einem Nachwort von Horst Bienek, R. Piper & Co. Verlag, München und Zürich 1976.

Fjodor Michailowitsch Dostojewski
11.11.1821 in Moskau geboren;
09.02.1881 in Petersburg gestorben.
S. 74: Der Knabe bei Christus.

Nikolai Wassiljewitsch Gogol
01.04.1809 in Sorotschinzy/Gouvernement Poltawa geboren;
04.03.1852 in Moskau gestorben.
S. 29 (Auszug): Die Nacht vor Weihnachten. Übersetzt von Korfiz Holm.

Maxim Gorki, eigentlich Alexej Maximowitsch Peschkow
28.03.1868 in Nishni-Nowgorod geboren;
18.06.1936 in Moskau gestorben.
S. 101: Weihnachtsphantome. Übersetzt von Ursula von Wiese.

Nikolai Semjonowitsch Leskow (Pseudonym: N. Stebnizki)
16.02.1831 in Gorochowo/Gouvernement Orel geboren;
05.03.1895 in Petersburg gestorben.
S. 44: Der Heckrubel

Alexander Malyschkin
21.03.1892 in Bogoradskoje/Moschany geboren;
03.08.1938 in Moskau gestorben.
S. 130: Die Christwoche in Sutulowka. Übersetzt von Eckhard
Thiele.

Boris Leonidowitsch Pasternak
10.02.1890 in Moskau geboren;
30.05.1960 in Peredelkino bei Moskau gestorben.
1950 Nobelpreis für Literatur, den er jedoch unter politischem
Druck zurückwies.
S. 123: Weihnachtsfeier bei Swentizkijs (Überschrift vom Hg.).
Aus: Boris Pasternak: Doktor Schiwago,
© Gianigiacomo Feltrinelli Editore, Milano 1957
© S. Fischer Verlag, Frankfurt/M. 1958

Alexander Sergejewitsch Puschkin
06.06.1799 in Moskau geboren;
10.02.1837 in Petersburg an den Verletzungen durch ein Duell
gestorben.
S. 7: Der Schneesturm.
Aus: Alexander Puschkin: Erzählungen und Anekdoten. Herausgegeben von Johannes von Günther, Biederstein Verlag, München
1964.

Alexej Nikolajewitsch Graf Tolstoi
10.01.1883 in Nikolajewsk (= Pugatschow, Gebiet Sartow) geboren;
23.02.1945 in Moskau gestorben.
S. 67: Der Tannenbaum. Übersetzt von Cornelius Bergmann.
Aus: Alexej Tolstoi: Nikitas Kindheit. (Die Erdkreisbücher),
Erich Röth Verlag, Eisenach und Kassel 1950.

Leo Tolstoi, eigentlich Lew Nikolajewitsch Graf Tolstoi
09.09.1828 auf dem Gut Jasnaja Poljana geboren;
20.11.1910 in Astapowo, Gebiet Lipezk, gestorben.
S. 81: Wo Liebe ist, da ist Gott.
Aus: Leo Tolstoi: Volkserzählungen.

Anton Pawlowitsch Tschechow
29.01.1860 in Taganrog am Asowschen Meer geboren;
15.06.1904 in Badenweiler gestorben.
S. 36: Zur Weihnachtszeit.
S. 60: Wanka.
S. 163: Knaben.
S. 174: Eine Schreckensnacht.